アメリカ国際資金フローの新潮流

前田 淳

蒼天社出版

はしがき

　金融のグローバル化・規制緩和と IT 化の潮流は、数十年の歳月を経てさらに続いている。日々、巨額の資金が、世界中を動き回っている。その結果、国際的な資金の流れは、各国の経済発展や為替レートに大きな影響を及ぼすものとなっている。このような国際資金フローの中でアメリカ経済とドルの果たしてきた役割は、極めて大きい。本書の課題は、このように重要な影響力を持つアメリカの国際資金フローの構造と変化を明らかにすることである。すなわち、どのような経緯と装置によってその構造が形成・維持されてきたのか、そして、2000 年代末の世界金融危機の展開によって、その構造は変化しつつあるのかを分析する。

　筆者がとりわけ注目したのは、アメリカが国際資金フローの中に、深くビルトインされていたということである。アメリカへの資本流入によって、アメリカ経済の成長や企業の資金調達は、加速されてきた。そのことは、対米輸出などを梃子に、多くの国の経済発展を促し、各国のドル準備の増加にもつながった。同時に、アメリカからの世界各国への対外投資によって、投資先の国と企業は成長・発展し、アメリカの所得収支において巨額の黒字をもたらしてきた。こうした相互促進的とも見てとれる構造が、今後も継続するのかどうかは、アメリカ経済のみならずドルの基軸通貨としての先行きや国際金融システムにも大きな影響をもたらす可能性がある。こうした理解と問題意識を踏まえて、本書は展開されている。

　本書をこの度まとめることができたのは、多くの方々のおかげである。深町郁彌先生には、学部のゼミナール以来多くの薫陶を受けた。古典的な基礎知識とスタンダードな理論を授けられるとともに、実証的な探究姿勢を常に持ち

続ける重要性を教えていただいた。先生のもとで、自由かつアカデミックな雰囲気に包まれて研究者としてスタートできたことは、大変な幸甚であった。川波洋一先生からは、博士論文の作成や学会発表など様々なチャンスを賜りつづけてきた。博士論文と本書の内容についてはもとより、自分の研究を体系的にまとめあげる大切さを常にご指導いただいた。先生の薫陶なくして、本書はとうていなしえなかったと、感謝の気持ちで一杯である。また、博士論文の執筆にあたっては、稲富信博先生、岩田健治先生、加河茂美先生からも、様々なご助言と叱咤激励をいただいたことに、あらためて感謝申し上げたい。さらに、大学院時代の学兄諸氏には、研究の内容だけではなく、研究者としての心得や勉学への取組みにいたるまで、教えていただいた。さらに、同僚の諸氏からは、折に触れ貴重なアドバイスを受けた。また、学会の諸先生からは、常に励ましとご助言をいただいたこともありがたい限りである。そして、本書の出版を快くお引き受けくださった蒼天社出版の上野教信社長にも、お礼を申し上げたい。原稿と校正が遅れがちになり大変なご迷惑をおかけしたにもかかわらず、執筆が進捗するよう温かく励ましていただいた。心から感謝申し上げるしだいである。

　最後に、本書の出版にあたっては、北九州市立大学から学術図書の刊行助成をいただいた。重ねて感謝の念を表したい。

2015年12月

前田　淳

目　次

序　章　課題と構成　　　　　　　　　　　　　　　　　　　　　　1
　　第1節　課題と視角　　　　　　　　　　　　　　　　　　　　1
　　第2節　先行研究　　　　　　　　　　　　　　　　　　　　　8
　　第3節　本書の構成　　　　　　　　　　　　　　　　　　　18

第1章　アメリカを中心とした国際資金フローの形成　　　　　　21
　　第1節　問題の設定——アメリカの国際資金フローの構造はどのように形成されたのか　21
　　第2節　レーガノミックスと金融引締めによるアメリカへの資本流入の大規模化　22
　　第3節　アメリカへの資本流入がもたらした国際資金フローの構造変化　30
　　第4節　結　論　　　　　　　　　　　　　　　　　　　　　41

第2章　アメリカへの資本流入の諸要因　　　　　　　　　　　　43
　　第1節　問題の設定——アメリカへの資本流入はなぜ続いたのか　43
　　第2節　民間レベルの資本流入——諸外国との金利差と為替レート予想変化率　46
　　第3節　公的レベルの資本流入——公的国際通貨としてのドルの機能　62
　　第4節　結　論　　　　　　　　　　　　　　　　　　　　　70

第3章　アメリカの対外証券投資の始動と展開　　　　　　　　　73
　　第1節　問題の設定——アメリカの対外証券投資の構造と要因　73
　　第2節　アメリカの国際資金フローの構造を規定した直接投資の展開　74
　　第3節　アメリカの対外証券投資はなぜ安定的なのか　　　　89
　　第4節　結　論　　　　　　　　　　　　　　　　　　　　　96

第4章　アメリカの対外負債の持続可能性と国際資金フロー　　99
　第1節　問題の設定——経常収支赤字と対外負債残高の何が問題なのか　　97
　第2節　アメリカの対外負債の発散と収束　　102
　第3節　アメリカへの資本流入と経常収支赤字および対外負債のバランス　　107
　第4節　結　論　　120

第5章　アメリカの国際資金フローの新局面——2007年以降の展開　　125
　第1節　問題の設定——アメリカの国際資金フローは構造を変えたのか　　125
　第2節　国際資金フローの変化を測る諸視角　　126
　第3節　アメリカへの資本流入の地域別・形態別変遷　　143
　第4節　結　論　　148

終　章　　153

　注　　158
　参考文献　　165
　索　引　　186

図表・目次

表 1-1	アメリカの国際収支（1975～84 年、年次）	23
表 1-2	アメリカの地域別貿易依存度（1984～90 年、年次）	34
表 1-3	アメリカの対外資産・負債の変化累計（1982～2007 年）	40
表 2-1	IMM 先物円ネットポジションの各系列に対するインパルス応答（2000 年 1 月 4 日～10 年 10 月 26 日）	58
表 2-2	IMM 先物円ポジションの各変数に対するインパルス応答（2007 年 6 月～10 年 10 月 26 日）	61
表 2-3	IMM 先物円ポジションの各変数に対するインパルス応答（S&P500 指数を利用、2000 年 1 月 4 日～10 年 10 月 26 日）	61
表 2-4	グレンジャー因果	63
表 2-5	IMM ネットポジションのインパルス応答における分散分解	63
表 2-6	世界の地域別貿易依存度（2001～07 年、年次）	65
表 2-7	EU の地域別貿易依存度（2001～07 年、年次）	66
表 2-8	為替相場制度の分類と対ドル・対ユーロ為替レートの相関	67
表 2-9	アメリカの財務省証券と政府機関債の主な保有地域と対ドル為替レートの相関係数	69
表 3-1	EU27 ヵ国の対外直接投資残高（2004～06 年、年次）	81
表 3-2	アメリカの対外株式投資残高（2006 年末、上位 20 地域）	84
表 3-3	アメリカの対外株式投資残高の伸び（2001 と 06 年の比、上位 20 地域）	85
表 3-4	直接投資受け入れ残高の伸びとアメリカからの株式投資残高の伸び（2001 と 06 年の比）	86
表 3-5	経済成長率とアメリカからの株式投資残高の伸び（2001 と 06 年の比）	90
表 3-6	先進 7 ヵ国の国際的な株式投資残高の偏り	96
表 4-1	アメリカの対外資産・負債残高のシミュレーション（2013～20 年、年次）	105
表 4-2	アメリカの対外純負債残高のシミュレーション（2023 年）	106
表 4-3	アメリカの対外資産・負債に対するリターン率による概算（2003～13 年、年次）	106
表 4-4	アメリカの財務省証券の国別保有残高（2014 年 9 月末）	112
表 4-5	アメリカの民間金融収支（2002～07 年、年次）	118
表 4-6	アメリカの経常収支と金融収支（2000～13 年、年次）	120
表 5-1	アメリカの 4 種証券の外国保有残高と GDP の比較（2002 年 6 月末と 2006 年 6 月末）	132
表 5-2	アメリカ有価証券の形態別・地域別保有残高（2003、07 年）	140
表 5-3	欧州からのアメリカ有価証券への投資フロー（1998～2006 年）	142
表 5-4	アメリカの国際収支（地域別、1999 年）	146

図序1	主要8ヵ国の対外資産残高（2004〜08年、年次）	4
図序2	主要8ヵ国の対外負債残高（2004〜08年、年次）	4
図序3	主要8ヵ国の対外資産残高の対GDP比（2004〜08年、年次）	5
図序4	主要8ヵ国の対外負債残高の対GDP比（2004〜08年、年次）	5
図序5	アメリカをめぐる国際資金フローの概念図	7
図1-1	アメリカの経常収支と金融収支（1975〜97年、年次）	24
図1-2	アメリカの金融収支（対外資産と対外負債のフロー推移、1979〜88年、年次）	24
図1-3	アメリカへの資本流入における公的資産と民間資産の推移（1979〜88年、年次）	25
図1-4	外国・民間部門からのアメリカへの資本流入の内訳（1979〜88年、年次）	25
図1-5	アメリカの長短金利推移（1975〜90年、年次）	26
図1-6	ドルの実効為替レート（1975〜90年、年次）	28
図1-7	ドイツマルク、フランスフラン、ポンドの対ドル名目レート推移（1975〜90年、年次）	29
図1-8	円、カナダドルの対ドル名目レート推移（1975〜90年、年次）	29
図1-9	アメリカの対外・対内直接投資（対世界、1975〜90年、年次）	31
図1-10	アメリカへのラテンアメリカ・西半球メキシコ、カナダからの対内直接投資（1975〜90年、年次）	31
図1-11	アメリカへの日本、英国、EU、欧州からの対内直接投資（1975〜90年、年次）	32
図1-12	アメリカのラテンアメリカ・西半球、メキシコ、カナダへの対外直接投資（1975〜90年、年次）	33
図1-13	アメリカの日本、英国、EU、欧州への対外直接投資（1975〜90年）	33
図1-14	アメリカの対民間・対外負債残高（1976〜2007年、年次）	37
図1-15	アメリカの対民間・対外負債残高（1976〜89年、年次）	37
図1-16	アメリカの民間保有・対外資産残高（1976〜2007年、年次）	38
図1-17	アメリカの民間保有・対外資産残高（1976〜89年、年次）	38
図2-1	アメリカと先進諸国（日本、カナダ、イギリス）の短期金利差（1983〜98年、四半期）	47
図2-2	アメリカと先進諸国（フランス、ドイツ、イタリア）の短期金利差（1983〜98年、四半期）	47
図2-3	アメリカと先進諸国（日本、カナダ、ユーロ域、イギリス）の短期金利差（1999〜2006年、四半期）	48
図2-4	アメリカと先進諸国（日本、カナダ、イギリス）の長期金利差（1983〜98年、四半期）	48

図 2-5	アメリカと先進諸国（フランス、ドイツ、イタリア）の長期金利差（1983～98年、四半期）	49
図 2-6	アメリカと先進諸国（日本、カナダ、ユーロ域、イギリス）の長期金利差（四半期ベース、1999～2006年）	49
図 2-7	日本、カナダ、イギリスの民間部門からアメリカへの対米証券投資（1980～98年、年次）	50
図 2-8	イタリア、フランス、ドイツの民間部門からアメリカへの対米証券投資（1986～98年、年次）	50
図 2-9	IMM先物円ポジションの各変数に対するインパルス応答（2000年1月4日～10年10月26日）	59
図 3-1	主要先進諸国（アメリカ、日本、ドイツ、フランス）の対外直接投資残高推移（1980～2007年、年次）	77
図 3-2	主要先進諸国（アメリカ、日本、ドイツ、フランス）の対外直接投資フロー（1980～2007年、年次）	78
図 3-3	主要先進諸国（アメリカ,日本,ドイツ,フランス）の対外直接投資残高推移（為替レート変化を調整、1980～2007年、年次）	78
図 3-4	欧州への対内直接投資フロー地域別推移（1985～2007年、年次）	79
図 3-5	欧州への直接投資フローの地域別推移（指数、1985～2007年、年次）	80
図 3-6	EU27ヵ国の対外直接投資・資産残高の地域別内訳（2000～06年）	82
図 3-7	アメリカの対外株式投資とアメリカへの債券投資（1998年第1四半期～2013年第4四半期）	95
図 4-1	アメリカの経常収支赤字と対外負債残高に関する論点の整理	103
図 4-2	アメリカの財・サービスの輸出入、および、経常収支（2000～13年、年次）	108
図 4-3	アメリカの第一次所得収支（2000～13年、年次）	109
図 4-4	アメリカの経常収支と公的および民間金融収支(1980～2013年、年次)	116
図 5-1	外国からのアメリカの株の売買（四半期ベース、1998年第1四半期～2012年第3四半期）	128
図 5-2	外国からのアメリカの社債の売買（四半期ベース、1998年第1四半期～2012年第3四半期）	128
図 5-3	外国からのアメリカの政府機関債の売買（四半期ベース、1998年第1四半期～2012年第3四半期）	129
図 5-4	外国からのアメリカの財務省証券の売買（四半期ベース、1998年第1四半期～2012年第3四半期）	129
図 5-5	米政府機関債のネットの購入額とギャップ指数A（月次ベース、2007年6月～11年12月）	131
図 5-6	アメリカの財務省証券（長期）利回りの階差とギャップ指数A（月次ベース、2004年1月～11年6月）	133

図 5-7	アメリカ株価指数（S&P）の対数値の階差とギャップ指数 A の相関 （月次ベース、2004 年 1 月～ 11 年 6 月）	135
図 5-8	外国からのアメリカ証券の取引におけるギャップ指数 A（株式、社債） （四半期ベース、証券形態別、1998 ～ 2011 年第 2 四半期）	136
図 5-9	外国からのアメリカ証券の取引におけるギャップ指数 A（政府機関債、 財務省証券）（四半期ベース、証券形態別、1998 ～ 2011 年第 2 四半期）	136
図 5-10	アメリカからの外国株の売買 （四半期ベース、1998 年～ 2012 年第 3 四半期）	138
図 5-11	アメリカからの外国債券の売買 （四半期ベース、1998 年～ 2012 年第 3 四半期）	138
図 5-12	アメリカからの外国証券の売買におけるギャップ指数 A （四半期ベース、1998 年～ 2010 年第 1 四半期）	139

序章　課題と構成

第1節　課題と視角

　1970年代末までのアメリカないしドルの国際資金フローには二つの特徴がある。一つ目は、「ユーロ」ドル市場がロンドンを中心に発達し、各「ユーロ」カレンシー市場の中で最大の取引額を誇ってきたことである。決済の問題を別とすれば、国際資金フローが、ドルを中心としながらもアメリカを必ずしも介していなかった。二つ目は、アメリカからの資本流出が続いていたことである。アメリカの基礎収支（経常収支と長期資本収支の合計）は、すでに1953年に赤字に転落し、1976年まで一貫して赤字が続いた。その最大の要因は、1960年代の軍事支出、政府移転、政府資本の輸出（借款）などの政府勘定にあった。この政府勘定におけるドル供給は、共産主義国の増加に歯止めをかけようとして、欧州と日本を主対象に進められたアメリカの対外政策がもたらしたものである（深町郁彌、1981、97～109頁）。こうした事態に対して、アメリカは1960年代前半に金利平衡税、次いで後半には対外投融資の自主規制などによるドル防衛策を打ち出した。つまり、アメリカは資本流出とドル不安の火種を消すことに汲々としていたといえるであろう。

　さらに、1970年代になると、アメリカは基礎収支において民間勘定でも赤

字を計上するようになる。たとえば、直接投資は1960年代、1970年代はすべての年で収支が赤字であり、貿易収支は1971年から赤字に転じて、1973年と1975年以外は今日もなお赤字が続いている。経常収支については若干異なって1977年から赤字と黒字の年が交錯しつつ、1982年以降は1991年を除くすべての年で赤字になった。しかし、変動相場制に移行した後、アメリカはビナイン・ネグレクト（優雅な無視）政策によって、ドルレートの下落に対して寛容な姿勢を示し、資本の流出が続いた。1970年から1976年までの間の総合収支は一貫して赤字であった。

　この状況と、1980年代に入ってからサブプライム・ローン危機が起った2007年までの状況を較べると、アメリカの国際資金フローの構造は大きく変化している。1980年代以降は、世界中の資金が、「ユーロ」ドル市場を必ずしも介さずにアメリカに直接かつ大量に流入し、また、アメリカからは対外投資が活発に行われた。このことからは、アメリが、この頃から世界の資金循環の要としての性質を帯びていったことがうかがえる。アメリカへの大量の資本流入は、アメリカにおける産業・企業の資金調達を容易にすると同時に、とりわけ2000年以降は、アメリカの長期金利（財務省証券10年物の利回り）を低位に安定させる要因となった。たとえば、2000年の1月末には、財務省証券10年物の利回りは、6.7%であったが、2003年の6月末には、サブプライム・ローン危機が起る以前の時期としては最低の3.3%にまで低下している。その結果、アメリカは個人消費が堅調であり、成長率が高く、企業収益は好調であったといえるであろう。このように好景気を謳歌するアメリカへの輸出によって、多くの国が輸出主導型成長を遂げたのである。これら輸出によって外貨準備を増加させた途上国は、そのかなりの部分をアメリカの財務省証券で保有することになり、アメリカへの資本流入に再び帰結したのである。アメリカの国際資金フローのこのような循環は、ポジティブ・フィードバックの様相を呈し、ドル体制を成す要素の一つとしての国際資金フローを維持し、再生産してきた。さらに、世界レベルでの成長の枠組みとなり、景気拡大の同調性をもたらすといった役割を果たしていたともいえるであろう。

序　章　課題と構成

　このように、アメリカの国際資金フローは、1980年代以降、巨大化して様々な影響をもたらしてきた。では、巨大とは、どの程度で、どのような意味でいえるのであろうか。図の序-1、序-2は、サブプライム・ローン危機と世界危機の渦中にあった2008年末までの主要8ヵ国の対外資産・負債残高を表したものであるが、アメリカが突出して大きな値を示している。これらの図だけをみればイギリスも巨大といえるが、外貨建ての金融市場すなわち「ユーロ」市場の取引が多く含まれており、その一定部分がドル建てによるものである。次に、各国のGDP比でみた図の序-3と序-4をみると、たしかに、アメリカの対外資産残高も対外負債残高もアメリカのGDPよりも大きな規模ではあるが、他の国と比較してアメリカが突出しているわけではない。これは、巨大化してきたアメリカの対外資産・負債残高や国際資金フローは、アメリカ経済にとって大きく影響を及ぼしてきたと同時に、他の国々に対しては、さらに大きな影響を及ぼしてきた可能性を示唆しているのである。

　以上のように、他の国々と比較して巨大なアメリカの対外資産・負債やアメリカをめぐる国際資金フローは、世界経済に大きな影響を及ぼしてきたことは、想像にかたくない。アメリカの持つ影響力について、平田ら（Hirata, Hideaki and M. Ayhan Kose and Christopher Otrok, 2013）が、次のように説明している。「グローバルな因子は、世界のビジネスサイクルにおける主なピーク・落込みに密接に関係している。1974～75年、および、1980年代初頭・1990年代初頭の不況、2000年代初頭の景気減速、昨今の世界的な不況などがこれに含まれる。さらに、クローバルな因子と米国の成長がかなりの程度でオーバーラップしており、とりわけ米国の景気後退では、その傾向がみられる」（Ibid., p.18）。これは、産出高、消費、投資といったマクロ変数について、世界的な景気循環の有無の観点から、因子分析を行った結果についての説明である。彼らは、リージョナルな因子の影響が大きくなっていることを発見したが、同時に、アメリカの影響については、グローバルな因子として作用している可能性を示した。この研究は、アメリカをめぐる国際資金フローを対象にしたものではないが、地域内での貿易と資金フロー（financial flows）が深まった地域では、

図序-1　主要8ヵ国の対外資産残高（2004～08年、年次）

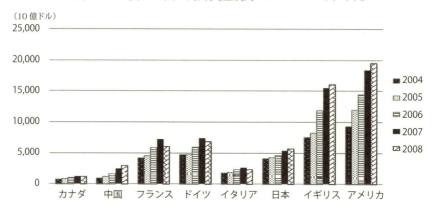

注：外貨準備・政府部門を含む。
出所：IMF, elibrary のデータより作成。

図序-2　主要8ヵ国の対外負債残高（2004～08年、年次）

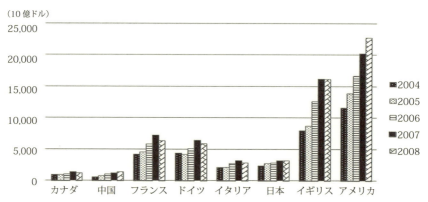

注：外貨準備・政府部門を含む。
出所：IMF, elibrary のデータより作成。

図序 - 3　主要 8 ヵ国の対外資産残高の対 GDP 比（2004〜08 年、年次）

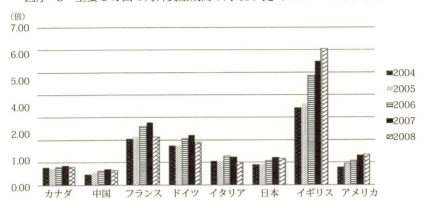

注：外貨準備・政府部門を含む。
出所：IMF, elibrary のデータより作成。

図序 - 4　主要 8 ヵ国の対外負債残高の対 GDP 比（2004〜08 年、年次）

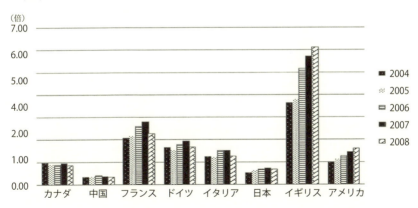

注：外貨準備・政府部門を含む。
出所：IMF, elibrary のデータより作成。

特にリージョナルな因子が増大していることを見出している。

　アメリカが世界の資金フローの中軸であり、世界経済に大きな影響力を持っていたことを図示すると、図序-5のようになるであろう。この図は、サブプライム・ローン危機が起る前の段階をイメージしたものである。アメリカには、日欧および途上国から資本が流入していることを図示している。すなわち、日本は1990年代以降の平成不況による低金利にゆえに、アメリカとのプラスの長短金利差が続いていた。欧州についても、2000年代の中頃から、アメリカの金利が高いため、対米資本流出が起っていた。途上国については、中国がその典型であるが、輸出主導の成長による外貨準備としてのドルの増加が、アメリカへの公的な資本流入である。アメリカへの資本流入は、アメリカの好況を支え、とりわけ2000年代の中頃からは長期金利の異常な低位安定をもたらして、住宅バブルの一因となった。その結果、アメリカの個人消費は堅調で、米国への輸出を成長の梃子とする途上国にとっては、さらにドル準備が増加するという、ポジティブ・フィードバックが起っていたのである。

　このように、アメリカの国際資金フローは、先進国の中でも資産・負債の両方で、突出して規模が大きく、しかもそのことが長期にわたって続いてきた。このようなアメリカの国際金フローの構造は、ドルのレートやアメリカの金利、さらには、アメリカからの投資先である国々にも大きな影響を与えてきた。よって、この構造が、もし変化を遂げつつあるのであれば、様々な波及効果をもたらすことが予想される。たとえば、アメリカの国際資金フローの構造的な変化は、ドルの基軸通貨[3]としての信認にも影響を与え、将来的にはドルの基軸通貨としての機能にも変化をもたらす可能性、世界各国の景気や消費や投資にも影響する可能性がある。このように、アメリカの国際資金フローの変化は、極めて重要な問題を孕んでいるといえよう。

　本書の目的は、こうした問題意識から、アメリカの国際資金フローの構造がなぜ、どのように形成され、そして、維持されてきたのか、さらに、それはサブプライム・ローン危機と世界金融危機を経て、変化を遂げつつあるのかどうかを解明することである。すなわち、およそ30年間、ドル体制を支えてきた

図序-5　アメリカをめぐる国際資金フローの概念図

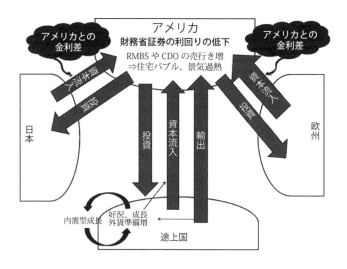

出所：筆者作成。

　アメリカの国際資金フローの構造を明らかにし、その構造が今日まで、どのように展開し、変化してきたのかを解明することが、本書の目的である。本書が主に対象とする時期は、ボルカー（Paul Adolph Volcker, Jr.）元米連邦準備銀行総裁とレーガン（Ronald Wilson Reagan）元大統領による高金利とドル高の時代、すなわち、1980年代の初頭から2011年の第1四半期頃までである。この1980年代から、アメリカへの資本流入は爆発的に増大した。その結果としてのドル高とアメリカの不況に対して、アメリカ企業は対外直接投資を大々的に行い、アメリカからの資本流出が始まった。こうした意味から、1980年代を上述の構造が形成され始めた時期として設定するのである。また、2011年の第1四半期までをおよその対象とする理由は、2008年末頃に明確化したアメリカのゼロ金利政策の結果、アメリカと他の国々との金利差が縮小し始め、2011年の春にはドルを借りてきて他の通貨建ての資産に投資するドルキャリーのポジションが極めて大きくなっているからである。金利ないし金利差は、

国際資金フローに極めて大きな影響をもたらす。よって、2011年頃を区切りとして、ドルキャリーも含めて、国際資金フローには新たな局面がスタートしている可能性がある。たとえば、2013年以降、アメリカが量的緩和政策をとどめて金利が上昇する期待に対して、新興国の通貨や資産の価格に様々な影響が及んだことからも、そのことは確認できるであろう。この新たな局面がどのような構造を持ち、意味を有しているのかについては、本書の末尾で若干言及するにとどめ、本格的な検討は、諸研究やデータの公表を待ちたい。

なお、サブプライム・ローン危機以降の国際資金フローは大きな混乱をみせてきた。そのため、2007年末頃までとそれ以降では、国際資金フローの様相は異なっている。そこで、第4章までは、主に2007年末頃までを対象とする。特異な様相を示したサブプライム・ローン危機以降から2011年春頃までについては、第5章で取り扱うこととする。

第2節　先行研究

国際金融システムの中核を成すのはいうまでもなくドル体制であり、ドル体制とは、すでに述べたようにドルの基軸通貨性、および、ドルないしアメリカを中心とした国際資金フローの二つによって成り立っているシステムのことである。ドルの基軸通貨性とアメリカの国際資金フローは、相互に支えあう関係になっている。すなわち、ドルが基軸通貨であることによって、アメリカへの資本流入とアメリカからの資本流出が大規模に展開されている。同時に、アメリカをめぐる国際資金フローが安定的に続いているがゆえに、ドルの基軸通貨性が、根本的に疑問視されずに今日にいたっている。よって、アメリカの国際資金フローにかかわる先行研究は、国際資金フローのみに関するものにとどまらず、ドルの基軸通貨としての性質や機能にまで言及したものが含まれており、その論点は広範囲にわたっている。そこで、以下、先行研究を紹介・検討するにあたっては、各先行研究の多くの論点を羅列することは避け、いくつかに整

序　章　課題と構成

理していきたい。第一に、国際収支の構造に注目する見解、第二に、ドル残高（アメリカの対外負債残高）や取引量や国際的な信用の増大に注目する見解を横糸とし、金融のグローバル化・規制緩和・IT化や金融市場・金融機関・金融手法の発展・精緻化など時代の経過に応じて国際資金フローに影響を与えた事象を縦糸として、説明する。

　第一に、アメリカの国際収支の構造に着目する理論についてである。第2次世界大戦後のアメリカの国際収支をめぐっては、まずトリフィン（Triffin, Robert, 1960）、それにデプレら（Despres, Emile, Charles P. Kindleberger and Walter S. Salant, 1966）が、スタンスの異なる見解を表明した。トリフィン（Triffin, Robert, 1960）の流動性ジレンマ論では、次のようなロジックが展開されている。すなわち、世界はその成長のために基軸通貨ドルを必要としており、そのためにアメリカは国際収支（主に経常収支に長期資本収支までを加えた基礎収支）の赤字を出してドルを供給せざるをえず、そうすればドルは次第に信認を失ってしまう、と。それを批判して、デプレら（Despres, et.al., op.cit., 1966）が少数意見として展開するロジックは、アメリカは資本輸出によってドルを供給しており、そのドルが短期ドル預金としてアメリカに「還流」しているので、アメリカは世界の銀行として機能している、というものである。主張は異なるものの、両者の議論の前提としては共通のものがある。すなわち、金ドル交換が行われている時代を背景として、アメリカの基礎収支などの赤字がドル不安を惹起している状況に鑑みて、固定相場制を念頭に入れた議論を展開していた、といえるであろう。つまり、トリフィン（Triffin, op.cit., 1960）の主張では、アメリカの基礎収支の赤字が、ドルの為替レートに対する懸念に結びつくということである。デプレら（Despres, et.al., op.cit., 1966）の主張では、アメリカが一種の世界銀行として金融仲介を行った結果、基礎収支が赤字になったのであって、その結果、アメリカ所在銀行の短期ドル預金、すなわち、アメリカの借入としてドルは還流していたということである。後者の議論では、銀行の対外債務の問題が含まれているとはいえ、それは、基礎収支の赤字に応じて受動的に形成されたものであり、焦点はやはり、基礎収支に当てられていたのである。

それに対して、アメリカの経常収支赤字の持続可能性論争にみられるような、1990年代以降の先行研究では、視点が経常収支そのものではなくて、次第に経常収支赤字の結果として累積したアメリカの対外負債残高に移行していったのである。この問題をドル本位制とかかわらせて注目していたのが、山本栄治（1997）である。山本は、アメリカの対外負債の巨大化と1987年のブラックマンデーを題材にして、「システムの民営化に運営をゆだねていた『ドル本位制』には限界があり、公的資本の流入すなわち国際通貨協力がなければ、国際通貨システムは安定化しない」と述べている（同書、168～169頁）。すなわち、アメリカへの民間からの資本流入には限界があることを指摘したのである。その後、1990年代以降に顕著となったアメリカの経常収支赤字の増加傾向、および、対外負債残高の累増に対して、マン（Mann, Catherine L., 1999）や竹中正治（2012）などが詳細な検討を加えている（アメリカの経常収支赤字と対外負債の問題については、第4章で言及する）。

　第二に、両大戦間期に、対外債権・債務の状況を国際金融システムや為替レートの安定性を判断するうえで言及したのは、『マクミラン委員会報告』（Committee on Finance and Industry, 1931）である。同報告は、第一次大戦後、ロンドンとニューヨークに膨大な流動資金が存在し、極めて不安定な状態であることを指摘した。この場合のイギリスの対外債務残高の中身は、ロンドン所在の民間銀行が負う預金とポンド為替である(4)。この考え方を踏襲した例としては、滝沢健三（1990）がある。そこでは、アメリカ所在銀行の対外債権・債務の残高を比較して、対外債権による対外債務のカバー率が高ければドル危機の可能性が低い、との見解が展開されている。実際、滝沢は、1970年末のアメリカ所在銀行の対外債権による対外債務のカバー率が31.2%であったものが、1982年には95.7%に達していることをもって、安心できる状態になっていたものの、その後のアメリカの対外金融ポジションは、大幅な不均衡状態に陥っている、と主張している（同書、22～25頁）。こうした見解は、為替レートの長期的な安定性についてのみ考えれば、部分的に正しい。たとえば、ドル売りを行う投機家（アメリカからみて、非居住者であると前提）が、ドルを銀行

から借りてきて、直物の為替市場で売り、ドルのレートが下がった後に、買い戻して為替差益を得たとしよう。この場合、銀行の対外ポジションは、この投機家に対する貸出債権と債務が両建てで増加している。たしかに、ドルのレートは下がったかもしれないが、その後にドルは買い戻されている。つまり、ドルの売りの後に、ドルの買いが起っているので、ドルの為替レートの下落は、それほど深刻ではない。

　これに対して、アメリカ所在銀行のネットでの対外債務が増加して、そのドルが為替市場で売られる場合は、全く異なる。たとえば、アメリカが巨額の経常収支赤字を出せば、輸出を超過する輸入に相当するドルは、アメリカ所在銀行に非居住者が置いているドル建ての口座に振り込まれことになり、アメリカの対外純債務は増大するのである。このドルを受け取った非居住者が、為替市場でドルを売る場合には、後で買い戻す操作が伴うとは限らない。つまり、ドルレートの下落は、より深刻である。このようにアメリカ所在銀行の対外債権・債務が両建てで増加する分には、ドルの為替レートに深刻なダメージが起らず、対外純債務が増加する場合には、より深刻となる可能性がある、というのが、こうした見解のロジックである。

　しかし、投機家が銀行からドルを借りてからドル売りをするのではなく、先渡し市場でドル売りをしておいて、後日、その満期日にあわせて直物の買いを行うという為替投機も一般的である。つまり、投機家は、先渡しと直物の共通の満期日に、先渡しのドル売りを契約した相手との間で、ドルを引き渡して他の通貨を受け取り、直物のドル買いをした相手との間で、ドルを受け取って他の通貨を引き渡す（先渡しと直物のドルレートの差が、手元に残る）。こうして、投機家は事前に資金を調達せずに、為替差益を得るが、こうした投機の場合では、アメリカ所在銀行の両建ての貸付が起ることはない。つまり、アメリカの対外債権による債務のカバー率が不変でも、ドル売りとドルのレート下落が起りうるのである。

　さらに、アメリカの対外資産・負債の中で、銀行のポジションは、今なお巨大ではあるが、同時に、ポートフォリオ投資も並び立つ大きさとなっている。

では、ポートフォリオ投資も含めた、すべての対外資産・負債のカバー率が高ければ、ドルのレートやアメリカの金利が安定的であるといえるのであろうか。この問題は、アメリカの対外ポジションをネットで把握するか、グロスで把握するのか、という問題であると言い換えることもできる。たとえば、アメリカの投資家が非居住者発行のドル建て債券やCPを保有しており、さらに、アメリカ所在の企業がほぼ同額の社債（ドル建て）を発行して、非居住者が購入したと仮定する。この状態では、アメリカからみて対外資産が対外負債をカバーしているが、ドルのレート下落を防止する役には立っていない。たとえば、ドルよりも他通貨建ての金利が一定程度高くなれば、アメリカの投資家は、現在保有しているドル建ての債券やCPを手放して、外貨建ての資産に乗り換える可能性がある。アメリカ企業の社債を保有している非居住者も、それを売却して金利の高い非ドル建ての資産に乗り換えるであろう。この場合には、アメリカからみて対外資産と負債の保有者が両方で、ドル売りを行っているのである（ドルのレートやアメリカの金利などへの影響を考える場合、アメリカの対外資産・負債は、このようにネットで議論するだけでは不十分であり、グロスの視点が不可欠である）。

さらに、対外資産と負債の通貨構成が大きく異なる場合には、さらに複雑な要因が加わる。たとえば、1990年代以降、アメリカの証券投資は主に、対外資産が外貨建て、対外負債がドル建ての状態にある。この状態で、他の条件が不変でドルの為替レートが安くなると予想されたとき、非ドル建ての対外資産を保有しているアメリカの投資家は、その資産を増やしこそすれ、減少させてドル建ての資産に換える可能性は低い。アメリカのドル建て資産を保有している非居住者（アメリカからみて、ドル建て対外負債）は、そのドルを手放して非ドル建ての資産に換えようとするであろう。このように、対外資産・負債のネットポジションが改善しつつも、ドルのレートが下落し、ドル建て債券の価格が下落する取引もありうる。

以上のことを要約すると、銀行（およびポートフォリオ投資）の対外債権による債務のカバー率なるロジックは、ドルのレートやアメリカの金利が安定的に

推移するかどうかを判断する材料としては、極めて限定された役割しか果たしえないといえる。こうした問題意識から、国際資金フローをめぐる研究は、銀行勘定だけではなく、やはり、アメリカの資本収支（今日でいうところの金融収支）全体と対外資産・負債残高に注目する方向に発展していったのである。

　このようにアメリカは国際的な資金の流れの中で、中心的な位置を占めるようになった。これまでアメリカをめぐる国際的な金融取引が増加してきた理由とその影響については、各論者が様々な角度からアプローチしてきた。たとえば、アメリカの国際収支の構造を分析した松村文武（1985、1988、1993）や中尾茂夫（1988、1991）、奥田宏司（2012）、アメリカの銀行の多国籍化を軸に国際金融システムの変化を追った関下稔ら（関下稔・鶴田廣巳・奥田宏司・向壽一、1984）、関下稔と奥田宏（関下稔・奥田宏司編、1985）、向壽一（1988）、金融のグローバル化の中での国際銀行業と国際金融市場の展開に注目したブライアント（Bryant, Ralph C., 1987）、ヘイズ＝ハバード（Hayes, Samuel L. and Philip M. Hubbard., 1990）、川本明人（1993）などがある。とりわけ、アメリカが世界の国際資金フローで中心的な位置を占めることになった経緯については、片岡尹（2001）、バーナンキ（Bernanke, Ben. S., 2005）、キャバロ＝ティル（Cavallo, Michele and Cédric Tille, 2006）、岩本武和（2007）、徳永潤二（2008）がそれぞれ、その原因と経緯を解明すべく様々な議論を展開している。片岡はマッチポンプと形容し、バーナンキは世界的な貯蓄過剰が、アメリカに流入していると把握した。徳永は、国際資金フローにおけるアメリカの能動性を強調し、その能動性とは、アメリカ銀行のカリブ地域などに対する信用供与の増大であり、その背景には、世界の金融コングロマリットとしての業務展開を進めるアメリカ銀行の行動が大きく関係している、としている。

　また、徳永は、次のように述べて、国際資金フローにおけるアメリカの中軸性の原因とアメリカ経済への影響を説明している。

「2000年代前半、大規模な外国資本流入は景気拡大にとっての不可欠の対外的条件となっていた。そして、この大規模な外国資本流入はアメリカの国際通貨国

特権の下で可能であった。つまり、1990年代後半と同様、2000年代前半の景気拡大もアメリカの国際通貨国特権を抜きには考えられないものなのである」（徳永前掲書、92頁）。

つまり、徳永の見解は、アメリカへの資本流入が巨額である理由の一つに、ドルの基軸通貨性があり、アメリカへの資本流入が1990年代後半から2000年代前半のアメリカの景気拡大を加速した、というものであり、本書の基本視角と同じくする。なお、やや横道にそれるが、アメリカへの資本流入が、どの程度アメリカの景気に影響したのかについては、様々な見方がある。たとえば、F・E・ウォーノック＝C・W・ウォーノック（Warnock, Francis E. and Veronica C. Warnock., 2006）は、アメリカの金利を対象にして次のような実証結果を公表している。

「外国からのアメリカ国債の大量購入は、過去数年間のアメリカの低金利に大いに寄与したことを我々の作業は明らかにした。過去1年間に、もしアメリカ国債を外国が全く購入しなかったとしたら、長期金利はほぼ100ベーシスポイント高かったであろう」（Ibid., 2006, p.21）。

なお、この引用文中の「外国」には、公的通貨当局を含んでいる。このおよそ1%の金利低下効果が、果たしてアメリカの景気や当時の住宅バブルの過熱化にどの程度の影響力を持っていたかは、評価が分かれるところである。しかし、日本の1980年代末のバブルの歴史をみても、日本銀行の金融引締めの遅れが、取り返しがつかないほどバブルを大きくしてしまったと、後になって批判されたように、バブル期の微小な金利低下効果は、大きな意味を持っていたと思われる。

また、アメリカの対外負債残高や国際資金フローの増大に対して、その不安定な性質を明らかにしようとしたものが、いわゆる「過剰な貨幣資本」や「ドル過剰」の議論である。板木雅彦（2006）は景気循環や利潤率の長期的動

向に着目して、過剰資本の形成にアプローチし、山口義行・飯島寛之（2008）、徳永（2009）は、アメリカの国際収支赤字によるドルの国際的な供給が、膨大かつ「過剰」に膨れ上がり、「ユーロ」ドル市場など世界中を運動している様子を明らかにした。

また、高田太久吉（2009）は、次のように述べている。

「現実資本の蓄積をうわまわる貨幣資本の蓄積は、過剰な貨幣資本の蓄積（カネ余り現象と呼ばれる）を引き起こし、その結果、金融市場（とくに証券、不動産などの擬制資本市場）と投資銀行をはじめとする金融産業が急激に拡大し、経済の金融化が進行する。さらに、経済の金融化は、金融分野における急激な規制緩和、金融グローバル化と国際的資本取引の増大を促し、金融市場の内部では、デリバティブ取引や仕組み証券の膨張にみられる急激な金融革新あるいは金融の証券化をともなった。このような過剰な貨幣資本の蓄積を背景とする経済の金融化、金融の規制緩和、金融グローバル化、金融の証券化はあいまって、金融市場と金融産業の異常な膨張、金融市場（不動産市場や商品市場を含む）の投機市場化、各国および国際金融システムの不安定性と脆弱性を極度に高めた」（同書、11頁）。

このように、高田は、過剰な貨幣資本に注目している点で、板木雅彦（2006）と類似している。これに対して、岩野茂道（2005、2011）は、「銀行主義」の論理をアメリカの国際収支にも拡大し、ドルの過剰発行によるドル体制の不安定化論を批判している。他にISバランス論に依拠して貯蓄過剰に注目するバーナンキ（Ben Bernanke, op.cit.）、アメリカの国際収支赤字に注目する山口と飯田（前掲書）などもある。

では、国際資金フローが不安定化する可能性を分析する場合、どのような視角や手法が可能なのであろうか。カイユ＝グリフィス・ジョーンズ（Cailloux, Jacques and Stephany Griffith-Jones, 2003）は、アメリカの資本収支（負債側）に注目し、そのフローの変化が年代を経るにしたがって大きくなっているかど

うかを検証している。これは、国際金融取引が増大ないし肥大化することをもって、不安定性の一端を析出しようとしているといえるであろう。

　しかし、金融の規制緩和とグローバル化によって、以前よりも多くの国からアメリカへ資本が流入すればするほど取引の厚みが増して、アメリカの金融資産の価格やドルレートは安定化する、という見解もある。とりわけ、金利など様々な金融指標のヴォラティリティーを長期時系列でみれば、1980年代以降、先進諸国の金融資産と金利の値動きは、むしろそれ以前よりも安定性を増していることも知られている。たとえば、バータウトら（Bertaut, Carol C., Steven B. Kamin and Charles P. Thomas, 2008）は、金融規制緩和・グローバル化によって市場は厚みを増し、むしろ安定性が高まったと主張している。逆に、金融規制緩和や金融のグローバル化が、通貨危機・金融危機を頻発させている、とする研究もあり、こうした問題についての明確な答えは出ていない。

　以上、固定相場制を前提とした議論から始まり、今日までの諸議論をみると、当初はアメリカの基礎収支が注目されていたが、やがて経常収支、そして経常収支赤字の結果として累積したドル残高、および、アメリカの巨大化した国際資金フローに焦点が移行してきた様子がうかがえる。アメリカへの資本流入が減少したり、ドル建て資産を手放そうとしたりする動きは、ドルの為替レートやアメリカ政府・産業・企業への信頼に大きく左右される。そのため、昨今では、ドルの信認をどう理解するかが、大きくクローズアップされ始めている。その際、準備通貨としての機能から、信認の問題を強調したのが、前田直哉と西尾圭一郎（2010）である。実際、アメリカの政策当局などがドルの基軸通貨性に言及する際には、「準備通貨としての役割（"reserve currency role"）」との表現が多くなっている。最近のアメリカを中心としたドルの基軸通貨性に関する議論で、このように準備通貨に各論者が注目する理由は、株式や社債など有価証券の非居住者による保有については、GDP比でみれば、他国と比較してアメリカが突出して大きいわけではないこと、そして、アメリカへの資本流入が続いてきた財務省証券の保有者としては、公的通貨当局が圧倒的に大きい、と理解されてのことである。つまり、私的資産通貨（asset currency）としてのド

ルの基軸通貨性が、直接的には必ずしも強く感知されない状況になってきているのである。

　以上のように、国際資金フローにかかわる先行研究は、焦点がアメリカの資本収支（今日でいうところの金融収支）レベル、および、対外資産・負債残高に移ってきたといえよう。その中でも、取引の規模が大きく、時として激しい動きをみせるがゆえに、国際的な証券投資に注目が集まってきた。しかし、アメリカの国際資金フロー全般の構造と展開の解明を試みた研究は、むしろ途上にあるといえよう。本書は、以上のような先行研究の状況と問題意識に基づいて、アメリカの国際資金フローの構造と展開を解明しようとするものである。

　本書が先行研究と異なる点は、第一に、アメリカの国際資金フローにおける直接投資の位置づけにアプローチしたことである。途上国への直接投資と株式投資の関係については、様々な実証研究が明らかにしているが、本書では、途上国への直接投資とアメリカからの株式投資の関係について、有意な相関があることを明らかにする。本書が先行研究と異なる第二の点は、サブプライム・ローン危機以前と以後での、アメリカの国際資金フローの構造変化にアプローチしたことである。2007年のサブプライム・ローン危機と世界金融危機を経て、アメリカの国際資金フローは激動の数年を経験した。その結果、アメリカをめぐる国際資金フローに何らかの質的な変化が起っているのかどうかについては、いまだ明確な結論は出ていないように思われる。この問題にアプローチした最近の研究では、松浦一悦（2015）がある。そこでは、「ヘッジファンドなどが安いドルを借りて現地通貨建で投資するキャリー・トレード」などが活発化し、新興国の金融市場に混乱を起している点が指摘されている（同書、198〜199頁）。このように、サブプライム・ローン危機後の新しい局面をどう把握するのかについては、いくつかの先行研究があるものの、2007年以前の国際資金フローの構造を詳細に解明したうえで、その後の展開と比較する作業は、まだ完了したとはいえないであろう。

第3節　本書の構成

本書は大きく分けて、サブプライム・ローン危機前の状況を主に取り扱う第1章から第3章までを前半とし、サブプライム・ローン危機後の状況を取り扱うための理論的な準備としての第4章、および、サブプライム・ローン危機後の国際資金フローの変化を検討する第5章を後半とする。各章の概要は以下のとおりである。

第1章では、アメリカを中心とした国際資金フローが1980年代以降に形成された経緯と要因を明らかにする。アメリカへの膨大な資本流入がなぜ、どのように形成されたかを明らかにすることで、サブプライム・ローン危機前までのアメリカの国際資金フローの成り立ちを示すことができる。本書全体を貫くロジックとして、国際資金フローを増大させてきた要因として、直接投資（以下、FDIとも称する）に注目し、様々な角度からその影響を論じる。1980年代には、アメリカ・民間部門からの対外投資では、直接投資が主流であり、証券投資はそれほど大きくない。こうした1980年代のアメリカの国際資金フローの特徴は、2007年にいたる国際資金フローを生み出す原因になったといえる。なぜなら、1980年代以降のアメリカからの対外直接投資は、他の先進諸国の対外直接投資とともに、1990年代以降の途上国から先進国への輸出、および、それによる途上国の経済発展につながったからである。周知のごとく、1990年代以降の途上国のこうした状況は、途上国の外貨準備と所得の増大をもたらした。特に、ドル準備の形成という公的レベルでのアメリカへの資本流入を巨大化させた。さらに、途上国の1990年代の経済発展によって、アメリカからの対外株式投資が増大することになったのである。

第2章では、アメリカへの資本流入の諸要因を分析する。1980年代に形成されたアメリカの国際資金フローの構造は、大きな枠組みは維持されつつも、様々な変化を遂げてきた。そうした変化をたどりつつ、なぜ巨額の資本流入が

続いてきたのか、そして、サブプライム・ローン危機前には、どのような特徴を持つにいたったのかを示す。まず、金利差が維持されたことで、主要先進国、特にドイツと日本からのアメリカへの資本流入が続いたことを説明する。また、二国間の資本移動の実証研究として、2000年以降の円キャリー取引に関するインパルス応答関数による分析を行う。その結果、金利差や直物為替レートとともに、将来の円ドルレートに対する予想が、円キャリー取引に影響していることを明らかにする。このことは、サブプライム・ローン危機後のアメリカの経済と金融システムの動向によっては、ドルレートに対する予想や期待が変化して、アメリカの国際資金フローに変化が起りうることを示唆するものである。次に、アメリカへ資本を流入させているケースとして、対ドルで為替レートを安定させている地域を取り上げる。対ドル固定レート制を採用している国だけではなく、フロート制などを採用しつつも、事実上対ドルレートを安定させている国や地域からは、アメリカへの資本流入が続いてきたことを明らかにする。

　第3章では、アメリカへの資本流入と関連させつつ、アメリカからの対外投資の構造を明らかにする。1980年代以降の日米欧の先進国から途上国への直接投資の爆発的な拡大は、それらの国々の経済成長を高めた。そして、直接投資の受け入れの伸びが大きい国ほど、アメリカからの株式投資の伸びが大きいことを証明する。さらに、アメリカの国際的な株式投資は、アメリカの経常収支の赤字問題を軽減してきたことも示すことができよう。なぜなら、アメリカからの外国への株式投資は、その地域と額に偏りと変動が相対的に少なく、リスクを分散しながら、高いリターンを享受してきたからである。

　第4章では、①経常収支赤字が原因で、アメリカが通貨危機に見舞われたり、為替レートや金利などに何らかの影響を受けたりする可能性があるのか、②資本流入が経常収支赤字を埋め合わせる額に達しない可能性はあるのか、もしあるとすれば、どのような事態が予想されるのかを検討する。いわゆる、アメリカの経常収支赤字ないし対外負債残高の持続可能性問題である。まず、対外資産・負債に対する所得の受け払いについて分析し、所得の受け払いが原因となって、対外負債が発散する可能性が低いことを明らかにする。さらに、この問題

についての諸理論を整理・検討することを通して、サブプライム・ローン危機後にアメリカの国際資金フローを考えるうえで、何に注目すればよいのかを明らかする。

　第5章では、第4章で明らかにした着目点、すなわち、アメリカの対外負債残高の急激な縮小と、アメリカへの資本流入が経常収支赤字に見合わないほど細ってきているのかどうかを議論の中心にすえながら、サブプライム・ローン危機後におけるアメリカの国際資金フローの変化を検討する。本書の基本視角としては、アメリカの国際資金フローと対外資産・負債は肥大化していると捉えている。しかしそれだけでは、非居住者による有価証券の売りと買いのバランスが取れていたり、資金のコンスタントな流入が続いたりしている限りは、必ずしもアメリカの金利や為替レートや成長に著しい影響を与えるとは限らない。そこで第5章では、まずギャップ指数という手法を使って、アメリカの有価証券に対する非居住者の売買のバランス、及び外国の有価証券に対するアメリカからの売買のバランスをアグリゲートのデータで検討する。その結果、金融危機などが起った時には一時的にバランスが崩れるものの、危機が過ぎた後には旧に復する様子がうかがえた。証券の形態別でのサブプライム・ローン危機後のギャップ指数の分析では、財務省証券と株式は、買いと売りのバランスが比較的よく、社債と政府機関債は極めて不安定であることが明らかになった。また第5章では、サブプライム・ローン危機とその後の経済の苦境にもかかわらず、なぜドルの為替レートと基軸通貨性に致命的なダメージが起らなかったのかを検討する。とりわけ危機が欧州に波及した結果、ドルの受け皿としての役割をユーロが果さなかったこと、アメリカへの資本流入は、一時的に大幅に縮小したものの、アメリカからの対外投資も同時に縮小し、その結果、ドルのレートに深刻な影響は与えなかったことなどを示す。次に、サブプライム・ローン危機後のアメリカへの資本流入の変化を地域別・形態別に明らかにし、アメリカの国際資金フローの構造が大きく変化したのかどうかを検討する。

　終章では、アメリカの国際資金フローが、その構造を変えたのかどうかについて、結論を述べることにする。

第 1 章　アメリカを中心とした国際資金フローの形成

　　第 1 節　問題の設定
　　　　──アメリカの国際資金フローの構造はどのように形成されたのか

　1960 年代と 1970 年代におけるアメリカの国際収支では、資本流出が顕著であり、その結果もたらされるドル安にどう対処していくのかが問題であった。ところが、1970 年代末からのアメリカの金融引締めとドル高政策は、一転して、アメリカへの膨大な資本流入をもたらした。その後、1982 年からの主要先進国による協調利下げやプラザ合意などを経て、アメリカの金利は低下し、ドルのレートも下落したものの、長期的にはアメリカへの資本流入は増加し続けた。さらに、アメリカからの対外投資も、1980 年代には直接投資が、その後は、次第に株式投資が中心になっていく。しかも、それら対外投資の額は、他の先進諸国に比べても巨大なものであった。このように、アメリカの国際資金フローが他国に比して巨大化していくうえで、原型とでもいうべき構造が、1980 年代に現れたようにみえる。しかし、その構造とはどのようなものであったのか、そして、それはその後も変化を続けながら、どのように持続されてきたのかについては、必ずしも十分に解明されていない。本章の課題は、この原型ともいうべき構造がどのようなものであったのか、1980 年代を中心に明ら

かにすることにある。

第2節　レーガノミックスと金融引締めによるアメリカへの資本流入の大規模化

アメリカは、1960年代と1970年代の日本やドイツを中心とした先進諸国の急速な経済発展によって、国際競争力の低下に直面していた。さらに、泥沼化したベトナム戦争とスタグフレーションによって、アメリカ経済の苦境はいっそう深刻なものとなっていた。また、基礎収支の赤字によるドル不安によって、対外投融資自主規制や金利平衡税やローザボンドといったドル防衛策にもかかわらず、ついに旧IMF体制は崩壊するにいたった。こうした1970年代末までの状況に対して、それまでの経済政策に限界を感じ、サプライサイドを重視する経済理論に依拠して、アメリカ経済の興隆を図ろうとしたのがレーガノミックスであった。その内容は、まず金融引締めによってインフレを退治すること、富裕層と企業減税によって勤労意欲と投資マインドを高めること、規制緩和によって民間活力を引き出して産業と企業の競争力を高めること、さらに、軍事予算を増加して強いアメリカ、強いドルを目指すものであった。レーガノミックスの評価は措くとして、レーガノミックス期における一連の政策ではアメリカの国際収支に大きな影響を与えたのは、高金利とドル高であった。

当時のFRB議長であるポール・アドルフ・ボルカー（Paul Volcker）は、金利のみを重視したそれまでの政策手法にマネーサプライ・コントロールを取り入れ、金利を極端に高めに維持する政策を始めた。その結果、アメリカへ世界中から資金が流入し始めた。その前後の経緯を確認してみよう。表1-1は、1970年代後半からの10年間のアメリカの国際収支である。

経常収支は1977年頃から赤字基調となり、1982年からは赤字が定着している。金融収支では、民間部門の対外資産と対外負債（すなわち、外国の対米資産）がともに巨大化している様子がうかがえる。また、図1-1をみてわかるように、アメリカの金融収支では、1980年代前半に資本の流入が顕著になっ

第 1 章　アメリカを中心とした国際資金フローの形成

表 1-1　アメリカの国際収支（1975 〜 84 年、年次）

（単位：100 万ドル）

	1975	1976	1977	1978	1979	1980	1981	1982	1983	1984
経常収支	18,116	4,295	-14,335	-15,143	-285	2,317	5,030	-5,536	-38,691	-94,344
金融収支	22,833	13,430	-17,985	-5,145	25,361	24,930	28,463	32,826	-21,026	-75,672
米国の対外資産	39,703	51,269	34,785	61,130	66,054	86,967	114,147	127,882	66,373	40,376
米国の公的準備資産	849	2,558	375	-732	1,133	8,155	5,175	4,965	1,196	3,131
政府資産	3,474	4,214	3,693	4,660	3,746	5,162	5,097	6,131	5,006	5,489
民間資産	35,380	44,498	30,717	57,202	61,176	73,651	103,875	116,786	60,172	31,757
直接投資	14,244	11,949	11,890	16,056	25,222	19,222	9,624	4,556	12,528	16,407
証券投資	6,247	8,885	5,460	3,626	4,726	3,568	5,699	7,983	6,762	4,756
非銀行の債権	1,357	2,296	1,940	3,853	5,014	4,023	4,377	-6,823	10,954	-533
銀行債権	13,532	21,368	11,427	33,667	26,213	46,838	84,175	111,070	29,928	11,127
外国の対米資産	16,870	37,839	52,770	66,275	40,693	62,037	85,684	95,056	87,399	116,048
公的資産	7,027	17,693	36,816	33,678	-12,526	16,649	6,053	3,593	5,845	3,140
その他・民間資産	9,843	20,147	15,954	32,597	53,218	45,388	79,631	91,464	81,554	112,908
直接投資	2,603	4,347	3,728	7,897	11,877	16,918	25,195	12,635	10,372	24,468
財務省証券	2,590	2,783	534	2,178	4,060	2,645	2,927	7,027	8,689	23,001
その他証券	2,503	1,284	2,437	2,254	1,351	5,457	6,905	6,085	8,164	12,568
非銀行の債務	319	-578	1,086	1,889	1,621	6,852	917	-2,383	-118	16,626
銀行債務	628	10,990	6,719	16,141	32,607	10,743	42,128	65,633	50,342	33,849

注：デリバティブを含まない（以下の図表でも、断らない限り同様）。財務省証券以外には、政府機関債を含む。
出所：U.S., Bureau of Economic Analysis のデータより作成。

ている。この図は金融収支をネットで捉えている。グロスでみると、図 1-2 のように、アメリカの対外資産では資本流出の増減がみられるが、外国の対米資産はほぼ安定した資本流入を示している。このことから、1980 年代前半に起ったアメリカの国際資金フローにおける構造変化は、外国からアメリカへの資本流入において生じたといえる。そこで、その内訳をまず公的部門と民間部門で比較してみよう。図 1-3 は、アメリカへの資本流入を公的部門と民間で区分したものである。1980 年代のドル高ゆえに、公的資産（その大部分を占める外貨

図 1-1 アメリカの経常収支と金融収支（1975〜97年、年次）

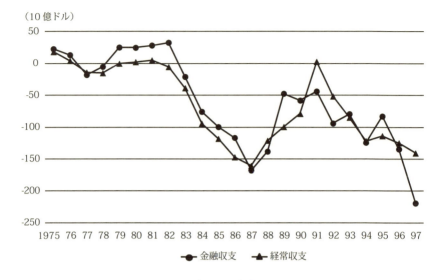

出所：U.S., Bureau of Economic Analysis のデータより作成。

図 1-2 アメリカの金融収支（対外資産と対外負債のフロー推移、1979〜88年、年次）

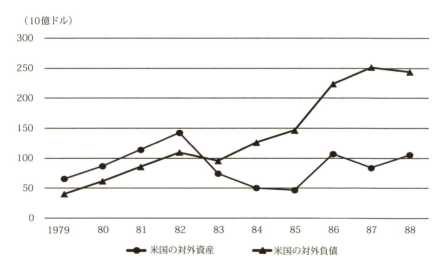

出所：U.S., Bureau of Economic Analysis のデータより作成。

第 1 章　アメリカを中心とした国際資金フローの形成

図 1-3　アメリカへの資本流入における公的資産と民間資産の推移（1979～88年、年次）

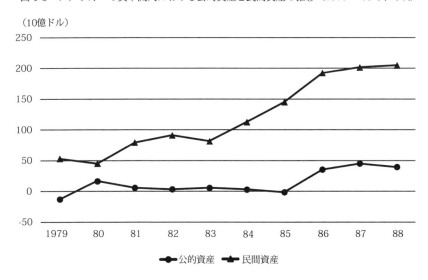

出所：U.S., Bureau of Economic Analysis のデータより作成。

図 1-4　外国・民間部門からのアメリカへの資本流入の内訳（1979～88年、年次）

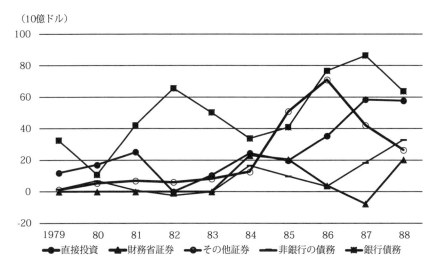

出所：U.S., Bureau of Economic Analysis のデータより作成。

準備)の増加はあまり起っていない。1980年代前半には民間部門からの資本流入の伸びが大きいことがわかる。次に、民間部門の対米資本流入の内訳をみたものが、図1-4である。銀行債務と直接投資とその他証券が、それぞれ大きな額を示している。

銀行の対外債務の増加は、決済性の資金も含めた短期の資本流入であり、マネーサプライ・コントロールによる金利の高騰やドル高に伴って、短期資本が大量に流入したことが一因となっている。その他証券は、財務省証券以外の証券であり、株式と社債がその中心である。

以上のことから、1980年代前半にアメリカの国際資金フローは大きな変化を遂げ、その後も続く膨大な資本流入が始まったといえる。そして、1980年代の資本流入の中身とは主に、民間部門における銀行債務と株式・社債、および、直接投資であったといえよう。

では、そうした大きな変化の原因は何であろうか。アメリカの金利や為替レー

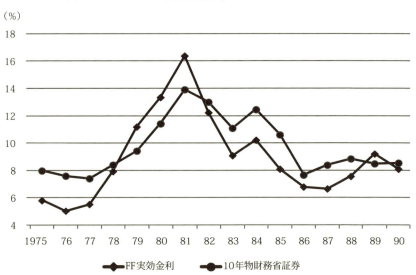

図1-5　アメリカの長短金利推移（1975〜90年、年次）

出所：U.S., Board of Governors of the Federal Reserve System のデータより作成。

第 1 章　アメリカを中心とした国際資金フローの形成

トをまず確認しよう。

　図 1-5 は、アメリカの長短金利の推移を 1975 年から 1990 年までについてみたものである。長短どちらの金利も 1978 年から 1981 年まで一貫して上がり続けている。1982 年から低下を始めるものの、1984 年に再び上昇し、本格的に低下するのは 1985 年からである。また、実効為替レートは、図 1-6 のように、1980 年から 1985 年まで上昇を続け、その後、ドルは減価している。また、主要各通貨に対する個別のレートでも、図 1-7 と図 1-8 にみられるように、ドルは 1980 年から増価して 1985 年に減価し始めている。

　以上のことから、1980 年代前半の金利と為替レートは、強い相関を持っていることがわかる。では、高金利とドル高だけが原因で、アメリカへの資本流入が増大するという現象が起ったのであろうか。もし、そうであれば、インフレの収束や金利低下、その後の 1980 年代後半におけるドル安によって、事態は元に戻ったはずである。

　しかし、アメリカへの資本流入は、1990 年代以降にはますます大規模化している。結論を先取りすれば、その後も続くアメリカへの資本流入の背景には、①金利は低下したものの金利差が対先進国で維持されたこと[6]、②アメリカをはじめとして世界各国における金融規制緩和・自由化と金融市場の発達によって、資金が大量に世界を動き回るようになった、ことがある。つまり、金融のグローバル化と規制緩和も、アメリカへの大量かつ長期にわたる資本流入を引き起したのである。

　その際、世界中の投資家は、アメリカの金利や為替レート、アメリカ企業の競争力の高さ、アメリカ経済の規模の大きさなどの要因だけではなく、それらの要因から考えられる以上に、アメリカないしドル建て資産への投資を継続し、増加させていった。変動相場制に先進諸国が移行した後、ドルは趨勢的に減価してきたにもかかわらず、アメリカないしドル建て資産の選好が続いた理由について、小川英治（1998、第 11 章）は、「ユーロ」カレンシー市場におけるドル、マルク、円について、1986 年第 1 四半期から 1993 年第 2 四半期のデータを用いて実証研究を行った。具体的には、予想インフレ率を通貨の減価率（その

通貨を保有するコスト)と捉え、実質金利による便益と比較して、「ドルの実質残高が他のマルクや円に比較して相対的にどれほど効用に貢献するかを表す」(同書、228 頁)パラメータを推計するというものである。

その結果、パラメータは、99% の信頼区間で 0.69 から 0.82 の範囲にあり、「たとえドルのインフレ率や減価率が 1 桁のパーセンテージであろうと、ドルの占有率が急速に大きく変化することはないであろう」(同書、236 頁)との結論を得ている。つまり、ドルはマルクや円に較べて減価してきたのであるから、価値貯蔵手段としての機能は低下しており、それにもかかわらず、ドル建て資産が選好されるのは、ドルの交換手段としての機能、すなわち、流動性や出会いの容易さや金融市場の発展度によるものである、としている。このように、ドルの基軸通貨としての性質の一つである流動性の問題は、アメリカやドル建て資産への資本流入の要因であったと考えられるであろう。

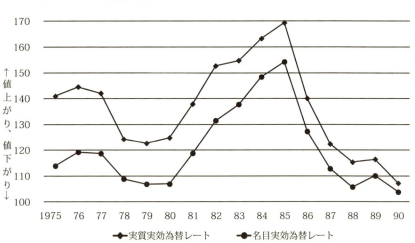

図 1-6　ドルの実効為替レート(1975 〜 90 年、年次)(2005 年 =100)

注:実質値はユニットレーバーコスト(生産を 1 単位増加させるために必要な労働コスト)・ベース。
出所:IMF, elibrary のデータ (IFS) より作成。

第 1 章　アメリカを中心とした国際資金フローの形成

図 1-7　ドイツマルク、フランスフラン、ポンドの対ドル名目レート推移（1975〜90 年、年次）（1975 年 =100）

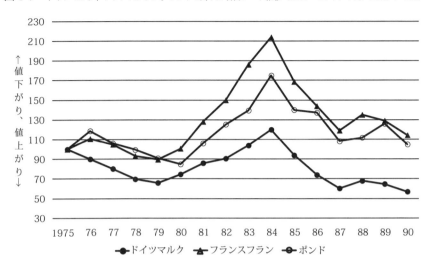

出所：IMF, elibrary のデータ（IFS）より作成。

図 1-8　円、カナダドルの対ドル名目レート推移（1975〜90 年、年次）（1975 年 =100）

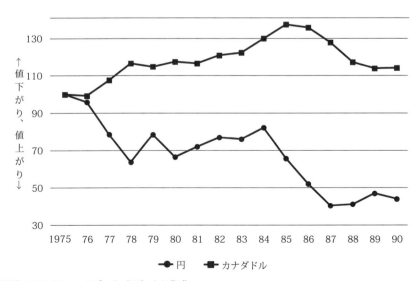

出所：IMF, elibrary のデータ（IFS）より作成。

次に、アメリカへの資本流入が継続した理由としては、直接投資のグローバルな展開もあげられる。ドル高に対してアメリカ企業は対外直接投資を活発化させ、アメリカ企業の進出を受けた国々は、アメリカへの輸出を梃子として成長を遂げた。輸出で得た外貨ドルは外貨準備としてだけではなく、民間からの対米投資のためにも利用され、アメリカにとっての資本流入を形成していったのである(7)。

　よって、インフレ対策としての金利の高騰やドル高は、アメリカへの資本流入にとってはもちろん重要な要因であるが、むしろ起爆剤となった、と捉えるべきであろう。なお、何が金融規制緩和・自由化をもたらしたのか、この設問については本書の課題を超えるため、議論の前提にとどめて以下に分析を進めたい。

第3節　アメリカへの資本流入がもたらした国際資金フローの構造変化

　本節では、前節で説明したアメリカへの資本流入が、アメリカの国際資金フローの構造をどのように変化させたのかを分析する。
　まず、アメリカの直接投資や貿易がどのように変容したのかを検討しよう。図1-9は、アメリカの対外・対内直接投資の推移をみたものである。対内直接投資が1982から1983年に減少している理由は、高金利によって、アメリカでの企業収益がさほど期待できなかったことと、企業合併・買収（M&A）のコストが大きくなったことである。
　次に、アメリカへの対内直接投資を地域別にみてみよう（図1-10、図1-11）。この図から欧州、英国、日本からの流入が1985年以降に急増していることがわかる。ドル安に対して、先進諸国がアメリカでの現地生産に向けて、直接投資を増大させたことが、顕著である。
　また、日本については、アメリカとの貿易摩擦の激化に対して、アメリカでの立地を企業が増加させたことも原因の一つである。図1-12と図1-13は、

第 1 章　アメリカを中心とした国際資金フローの形成

図 1-9　アメリカへの対外、対内直接投資（対世界、1975 〜 90 年、年次）

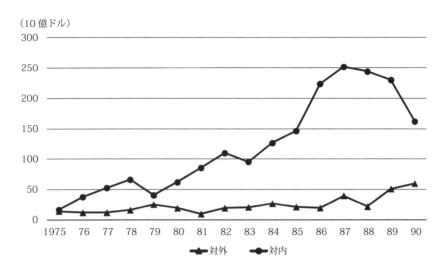

出所：U.S., Bureau of Economic Analysis のデータより作成。

図 1-10　アメリカへのラテンアメリカ・西半球、メキシコ、カナダからの対内直接投資

（地域別、1975 〜 90 年、年次）

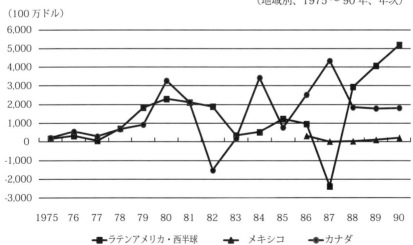

注：メキシコについては、1985 年までデータが存在しない。
出所：U.S., Bureau of Economic Analysis のデータより作成。

図 1-11　アメリカへの日本、英国、EU、欧州からの対内直接投資（1975～90年、年次）

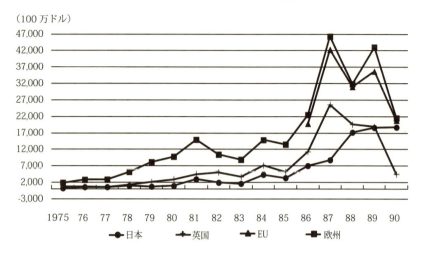

注：EUについては、1985年までデータが存在しない。なお、欧州にはEUを含む。
出所：U.S., Bureau of Economic Analysis のデータより作成。

アメリカからの直接投資を地域別にみたものである。対欧州・英国が大きいことは、対内直接投資と同様であるが、対ラテン・アメリカが1982年から急増していることが、特徴的である。

　では、こうした対外直接投資における地域化の進展は、アメリカの国際資金フローの構造にどう影響したのであろうか。表1-2は、アメリカからラテン・アメリカへの直接投資が増加した1984年から1990年までのアメリカの地域別貿易依存度である。輸出に関しては、対アジアと対ラテン・アメリカ主要国の依存度の伸びに大差はなく、ほぼ2%増加している。

　しかし、ラテン・アメリカの中では、メキシコがアメリカにとって主要な輸出先である。つまり、対メキシコの輸出依存度が1.8%増加したことが、ラテン・アメリカへの輸出比率の伸びの原因となっている。輸入については、対アジアの伸びの方が、対ラテン・アメリカよりも大きい。対メキシコでは、輸入は1%のシェアの増大を示しているに過ぎない。以上だけからすると、1980

第1章　アメリカを中心とした国際資金フローの形成

図1-12　アメリカのラテンアメリカ・西半球、メキシコ、カナダへの対外直接投資
（地域別、1975～90年、年次）

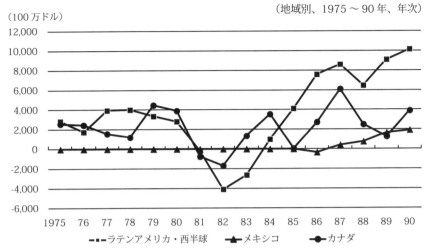

注：メキシコについては、1985年までデータが存在しない。
出所：U.S., Bureau of Economic Analysis のデータより作成。

図1-13　アメリカの日本、英国、EU、欧州への対外直接投資（地域別、1975～90年）

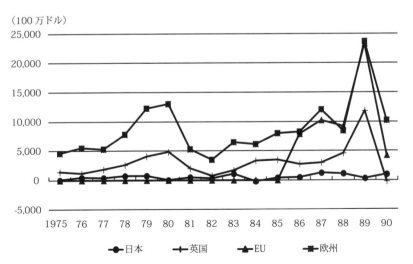

注：EUについては、1985年までデータが存在しない。
出所：U.S., Bureau of Economic Analysis のデータより作成。

表 1-2　アメリカの地域別貿易依存度（1984 〜 90 年、年次）

（輸出）　　　　　　　　　　　　　　　　　　　　　　　　　　　　　（単位：%）

	1984	1985	1986	1987	1988	1989	1990
対世界計	100	100	100	100	100	100	100
対アジア	13.4	13.1	13.0	14.1	15.8	15.8	15.4
対ラテンアメリカ	7.6	8.5	8.2	8.4	8.6	9.0	9.4
主要国							
アルゼンチン	0.4	0.3	0.4	0.4	0.3	0.3	0.3
ブラジル	1.2	1.4	1.7	1.6	1.3	1.3	1.3
チリ	0.4	0.3	0.4	0.3	0.3	0.4	0.4
メキシコ	5.4	6.2	5.5	5.7	6.3	6.9	7.2
ペルー	0.3	0.2	0.3	0.3	0.2	0.2	0.2

（輸入）　　　　　　　　　　　　　　　　　　　　　　　　　　　　　（単位：%）

	1984	1985	1986	1987	1988	1989	1990
対世界計	100	100	100	100	100	100	100
対アジア	16.3	17.4	18.0	19.9	20.6	20.6	20.2
対ラテンアメリカ	8.2	8.7	7.2	7.6	8.1	8.2	8.4
主要国							
アルゼンチン	0.3	0.3	0.2	0.3	0.3	0.3	0.3
ブラジル	2.3	2.3	1.9	2.0	2.2	1.8	1.7
チリ	0.2	0.2	0.2	0.3	0.3	0.3	0.3
メキシコ	5.0	5.5	4.6	4.8	5.1	5.6	6.0
ペルー	0.4	0.3	0.2	0.2	0.2	0.2	0.2

注1：輸出はFOB建て、輸入はCIF建て（各国からの報告データの区別が異なる場合、CIF/FOB=1.1の係数を使って推計されている）。
注2：換算為替レートは、各期間の期中平均対ドルレート。
注3：対世界計は、IFSデータ。
注4：アジアには日本を含まない。
出所：IMF, *Direction of World Trade Statistics*, yearbook 1991 より作成。

第 1 章　アメリカを中心とした国際資金フローの形成

年代のアメリカの貿易が、アメリカの対外直接投資の伸びと密接な関係を持ってはいないようにみえる。これに関連して、たとえば、ブロムストローム＝コッコ＝デジャン（Blomström, Magnus, Ari Kokko and Mario Zejan, 2000, Chapter7）は、メキシコについて次のような事実を指摘している。それは、1980 年代（ただし、累積債務問題がピークであった 1982 年前後を除く）には、メキシコから世界各国への輸出が非常に大きく伸びており、その輸出を牽引していたのは、米系多国籍企業であった、というものである。つまり、アメリカの対外直接投資、特にメキシコに対するそれは、米系企業の現地からの輸出を増大させたのである。プラザ合意以後の東南アジアや中国への直接投資の進展が、その後のアジア各国の対外輸出、特に域内貿易の増大をもたらしたことと併せて考えると、貿易の伸びの担い手として、外資系企業が極めて大きな役割を果たしているといえよう。

　こうしたアメリカからの直接投資を受け入れた国の輸出増大は、さらに、直接投資以外の国際資金フローも活発化した。直接投資の結果、投資受入国の経済成長率が高まり、企業収益も伸びて、こうした国に対して、株価と配当の上昇を期待してのポートフォリオ投資がやがて増大する。すなわち、国際収支の中の金融収支全般において、投資受入国への資本流入が生じるのである。こうした現象は、金融のグローバル化と規制緩和が進んだ 1990 年代以降に顕著にみられる現象である。さらに、直接投資を受け入れた国は、輸出主導型の成長を遂げる結果、公的レベルと民間レベルの外貨とりわけドルが増加する。その結果、公的レベルのアメリカへの資本流入、さらに、民間レベルでの対米投資も増大していく。

　つまり、アメリカの対外直接投資が 1980 年代に増大したことは、アメリカへのその他の項目での資本流入を増大させる原因となったのである。すなわち、直接投資を受けた途上国は、輸出主導型の成長によって獲得した公的・私的レベルの外貨ドルの運用先として、アメリカの金融市場を選択したのである。ただし、直接投資によるこうした諸々の変化は、必ずしもすぐに顕在化するものではない。よって、1980 年代におけるアメリカの対外直接投資の影響

は、1990年代以降に現れていることも多い。

　以上のように、レーガノミックス後の金融引締めとドル高政策は、アメリカへの大量の資本流入をもたらし、それがますますドル高を促進した。国際競争力を低下させたアメリカ企業は、対外直接投資を展開することで、こうした事態に対処しようとした。とりわけ、ラテン・アメリカ諸国に立地することで、それら諸国からの輸出が増大していった。それら途上国は、米系企業の輸出による成長を遂げ、そうして獲得した外貨ドルを再びアメリカに流入させることとなったのである。

　そこで、1980年代のこうした状況の推移が、アメリカの国際資金フローの構造にどのように、そしてどの程度、現れているのかを確認してみよう。まず1980年代におけるアメリカ国際資金フローの構造を2007年頃のそれと比較してみよう。

　図1-14は、1976年末から2007年末までのアメリカの対民間・対外負債残高の推移をみたものである。2007年末には直接投資残高（カレント・コストベース）が2兆3459億ドル、財務省証券・社債等・株式の合計が6兆8297億ドル、非銀行債務が8631億ドル、銀行債務が3兆9852億ドルである。この四つのカテゴリー内での2007年末の各比率は、直接投資が16.7％、有価証券が48.7％、非銀行債務が6.2％、銀行債務が28.4％である（小数点第2位を四捨五入）。2007年末では、アメリカの対外負債残高のうち最大の項目は有価証券であり、直接投資残高のおよそ2.8倍である。ちなみに、有価証券のうち、財務省証券と社債等で2007年末が6兆1901億ドル、株式で2兆9001億ドルである。2007年末のアメリカの有価証券での対外負債残高は、債券が株式のおよそ2.9倍である。このように、アメリカの対外負債残高、および、それを形成するにいたった資本流入においては、証券投資特に債券が中心となっていったことがわかる。しかし、1980年代についていえば、必ずしもそうではない。

　図1-15は、1976年から1989年までの米民間・対外負債残高を示したものである。1989年末のアメリカへの直接投資残高は、4678億ドル、有価証

第 1 章　アメリカを中心とした国際資金フローの形成

図 1-14　アメリカの対民間・対外負債残高（1976 ～ 2007 年、年次）

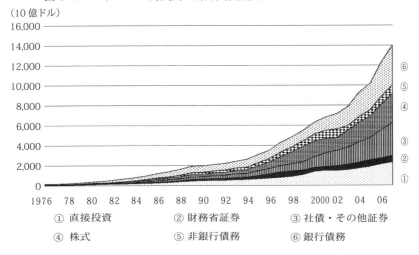

① 直接投資　　　② 財務省証券　　　③ 社債・その他証券
④ 株式　　　　　⑤ 非銀行債務　　　⑥ 銀行債務

注：直接投資は、カレントコスト・ベース（以下、同様）。
出所：U.S., Bureau of Economic Analysis のデータより作成。

図 1-15　アメリカの対民間・対外負債残高（1976 ～ 89 年、年次）

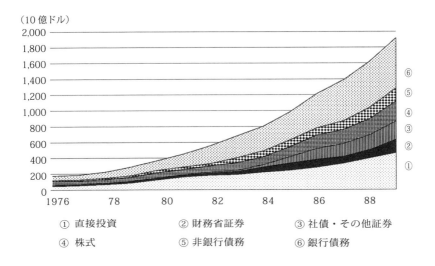

① 直接投資　　　② 財務省証券　　　③ 社債・その他証券
④ 株式　　　　　⑤ 非銀行債務　　　⑥ 銀行債務

出所：U.S., Bureau of Economic Analysis のデータより作成。

図 1-16　アメリカの民間保有・対外資産残高（1976～2007年、年次）

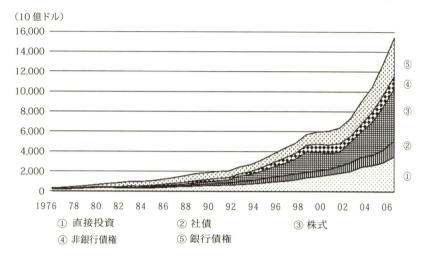

① 直接投資　　② 社債　　③ 株式
④ 非銀行債権　⑤ 銀行債権

出所：U.S., Bureau of Economic Analysis のデータより作成。

図 1-17　アメリカの民間保有・対外資産残高（1976～89年、年次）

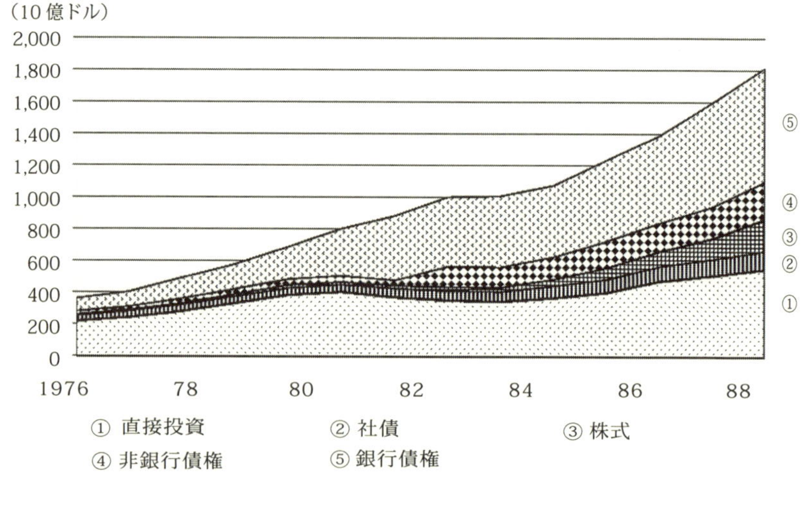

① 直接投資　　② 社債　　③ 株式
④ 非銀行債権　⑤ 銀行債権

出所：U.S., Bureau of Economic Analysis のデータより作成。

第 1 章　アメリカを中心とした国際資金フローの形成

券が 6494 億ドル、非銀行債務が 1670 億ドル、銀行債務が 6371 億ドルである。この四つのカテゴリー内での 1989 年末の各比率は、直接投資が 24.4%%、有価証券が 33.8%、非銀行債務が 8.7%、銀行債務が 33.2% である（小数点第 2 位を四捨五入）。

　対米民間証券投資残高は、やはりこの四つのカテゴリー内では最大であるものの、直接投資残高は 2007 年末に較べて比率が大きい。

　次に、アメリカの対外投資の形態について、同様に 2007 年末と 1989 年末を比較してみよう。図 1-16 が 2007 年末まで、図 1-17 が 1989 年末までのグラフである。

　2007 年末にはアメリカの民間部門の対外直接投資残高（カレント・コストベース）が 3 兆 5530 億ドル、社債等・株式の合計が 6 兆 8350 億ドル[8]、非銀行債権が 1 兆 2333 億ドル、銀行債権が 3 兆 8471 億ドルである。この四つのカテゴリー内での 2007 年末の各比率は、直接投資が 23.0%、有価証券が 44.2%、非銀行債権が 8.0%、銀行債権が 24.9% である（小数点第 2 位を四捨五入）。2007 年末では、アメリカ民間部門保有の対外債権残高のうち最大の項目は、やはり有価証券であり、直接投資残高のおよそ 1.9 倍である。なお、上記データのうち、社債等は 1 兆 5870 億ドル、株式は 5 兆 2479 億ドルであり、株式が圧倒的に大きいことがわかる。

　これを図 1-17 の 1989 年末と比較してみよう。1989 年末のアメリカ民間部門からの対外投資のうち、直接投資残高が 5530 億ドル、社債等・株式が 3142 億ドル、非銀行保有の債権が 2343 億ドル、銀行保有の債権が 7138 億ドルである。以上四つのカテゴリーに占める各比率は、直接投資が 30.5%、証券投資が 17.3%、非銀行債権が 12.9%、銀行債権が 39.3% である。証券投資は直接投資の 0.57 倍、つまり、この時点では直接投資残高の方が、証券投資残高よりも大きい。

　次に、アメリカの国際資金フローを通貨別にみよう。表 1-3 は、サーベイ・オブ・カレントビジネス（Survey of Current Business。以下、SCB と称する）のデータから、アメリカの対外資産・負債残高の変化をドル建てと外貨建てで比較し

表1-3 アメリカの対外資産・負債の変化累計（1982～2007年）

（単位：億ドル）

	1982～2007累計	1998～2007累計
ドル建て資産計	-35787.4	-27362.2
外貨建て資産計	-3446.6	-1905.7
ドル建て負債計	40100.7	29941.8
外貨建て負債計	3663.9	1990.5

注：財務省証券を除く。1997年までは証券ブローカーのデータを含まない。負債は、対民間のみ。なお、SCBの統計の作り方が1998年で変化しているため、二つの期間に分けて比較している。
出所：U.S., Bureau of Economic Analysis のデータより作成。

たものである。SCBのデータ作成法が1998年に若干変化したので、1998年から2007年までの累計と、1982から2007年までの累計の2通りを示している。アメリカの対外負債は、対民間のみであり、さらに財務省証券を含まない。また、1998年以降は、商業銀行と証券ブローカーの両方を含むデータであるが、それ以前は証券ブローカー報告分を含んでいない。この表をみてわかるとおり、対外資産も負債もドル建てでの動きが極めて大きく、外貨建ての10倍以上である。先の一連の図でみたことと合わせて考えると、次のようにいうことができる。すなわち、アメリカの2007年末頃の対外資産・負債残高は、有価証券では対外資産が株式、対外負債は債券が主である。このように有価証券のみに注目すれば、アメリカの対外資産は外貨建て、対外負債はドル建てである。しかし、金融収支の他の項目も含めると、対外資産も対外負債もドル建てが圧倒的である、ということである。

とりわけ、アメリカの対外資産・負債のうち、カリブ・バンキングセンター

第1章　アメリカを中心とした国際資金フローの形成

やイギリスの占める比率は極めて大きい。つまり、オフショア・バンキングや「ユーロ」バンキングによるところのドル建ての取引が大きいのである。また、ドルの基軸通貨としての性質上、アメリカ所在銀行の対外貸付がコンスタントに大きな額に上る。その両建てでのドル貸付も、対外資産・負債の両方においてドル建てが大きい原因といえよう。

以上のことから、1980年代に起ったアメリカの国際資金フローの変化と、その結果生じた1980年代末頃におけるアメリカ国際資金フローの構造は、次のようにまとめることができる。すなわち、アメリカの金融引締めによる高金利とドル高に対して、アメリカへの民間資本流入が増大した。その内訳は、銀行債務とその他証券（すなわち財務省証券を除く有価証券）と直接投資が、ほぼ拮抗していた。そして、ドル高とアメリカの不況によって、アメリカ企業の対外直接投資が次第に増大した。しかし、この時期は、アメリカの投資家は発達したアメリカの金融市場での国内投資を活発に行っており、アメリカからの証券投資はそれほど増えていない。

第4節　結論

1980年代のアメリカの国際資金フローは、以下のような構造を持つにいたった。まず、アメリカへの大量の資本流入が始まったという点で、それ以前と大きく異なっている。また、外国・民間部門からのアメリカへの資本流入額は、直接投資、債券、株式で大きな差がなく、この三つの形態で1989年末のアメリカの対民間・対外負債残高全体のおよそ9割を超えている。アメリカへの資本流入が急増したため、ドル高がさらに維持され、国際競争力の低下とアメリカ内の不況に直面したアメリカ企業は、対外直接投資、特にラテン・アメリカ諸国向けのそれを活発化させた。そのため、1980年代にはアメリカ・民間部門からの対外投資額は、直接投資と銀行債権が大きく、対外株式投資はまだ少額である。

つまり、1990年代と2000年代にみられたような、国際的な証券投資におけるアメリカの圧倒的なプレゼンスは、この時期、まだ形成されていない。アメリカの対外資産では直接投資が中心であり、対外負債では形態別での大きな差がないのである。

　しかしながら、1980年代のアメリカの国際資金フローは、2007年末までに形成されたアメリカの対外資産・負債に無関係であったわけではない。むしろ、発端となったというべきである。たとえば、2000年代のアメリカの対外投資は、株式投資を主としている。そして、その投資先としては、残高では先進国が大きいが、伸びとして途上国が大きい。途上国の中で、アメリカからの株式投資の伸びが大きい国は、アメリカも含めて外国からの直接投資の受け入れの伸びが大きい。途上国への直接投資が活発化した背景には、様々な要因が作用している。たとえば、欧州においては、欧州統合の深化・拡大とともに域内の直接投資はすでに隆盛であったが、中東欧における社会主義の崩壊によって、その勢いは加速した。また、経済発展のために途上国が外資に対する規制を緩和するなど、直接投資の受け入れ政策を採ったことも、大きな要因である。

　さらに、先進諸国の産業・企業間の競争も、一つの要因であることを付言しておきたい。1980年代前半のドル高によって、国際競争力が低下したアメリカの企業とアメリカ政府は、対外直接投資とプラザ合意によるドル減価政策という、二つの方策を打ち出すことになる。その結果、多国籍化したアメリカ企業との競争と円高による国際競争力の低下に直面した日本企業は、アジアを中心とした途上国へ直接投資を展開せざるをえなくなったのである。ただし、1980年代には、途上国への先進諸国からの直接投資の展開によって、それら途上国への株式投資が増加したわけではない(9)。

　さらに、このような先進諸国からの直接投資によって経済発展を遂げた途上国では、外貨準備と所得が増大していく。すなわち、輸出によってドル準備を蓄積していった新興工業経済地域（NIES）や中国は、対ドルペッグ制を採っていた国が多く、財務省証券を中心とする公的レベルでの対米投資の主体になっていくのである。以上のように、1990年代以降にアメリカをめぐる

第 1 章　アメリカを中心とした国際資金フローの形成

資本の流出入が巨大化する種は、1980 年代に蒔かれていたといえよう。そこで、次章以降で、1980 年代におけるアメリカの国際資金フローの動向を受けて、1990 年代以降においてアメリカの国際資金フローがどのような展開をみせたのかを検討していくこととする。

第2章　アメリカへの資本流入の諸要因

第1節　問題の設定
　　　——アメリカへの資本流入はなぜ続いたのか

　アメリカへの資本流入が顕著になったのは、1980年代初め頃からである。その引き金が金融引締めとドル高政策であったことは、第1章で述べた。その後、ドル安、あるいは、アメリカの金利が低下している時期にも、引き続きアメリカに資金がある程度流入し続けてきた。こうして、アメリカは、世界の国際資金フローの中で、資本流入において圧倒的な額を誇ってきた。もちろん、世界的に進んだ金融の規制緩和やグローバル化の結果でもあるが、金利差や途上国を中心としたドル買い介入など、アメリカが他の国と違って、資本の流入を受けやすい要因を持っていたことも影響している。
　そこで、本章では、なぜアメリカへの巨額の資本流入が続いてきたのか、そして、アメリカへの資本流入は、サブプライム・ローン危機前までにどのような展開をたどったのかを示す。特に、金利差については、2国間の資本移動の実証研究として、2000年以降の円キャリー取引に関するインパルス応答関数による分析を行う。その結果、金利差や直物為替レートとともに、将来の円ドルレートに対する予想が円キャリー取引に影響していることを明らかにする。

このことは、今後、アメリカの経済、金融システムの動向いかんでは、ドルレートに対する予想や期待が変化して、アメリカへの資本流入が影響を受ける可能性があることを示唆するものである。

第2節　民間レベルの資本流入
——諸外国との金利差と為替レート予想変化率

　アメリカへの資本流入の要因として、金利差が大きな役割を果たしてきたと一般的にいわれている。たしかに、第2次オイルショック後のインフレが鎮静化した後、アメリカは1982年頃から金利を引き下げてはいたが、他の先進諸国に対しても協調しての金利低下を促してきた。そのため、アメリカと日本との間では、常にアメリカの金利が高めに推移する事態になり、日本からの対米投資を生み出す原因になった。そこで、アメリカと他の国の金利がどの程度開いていたのかをまず確認してみよう。図2-1から図2-6は、非銀行債権1980年代前半からユーロが誕生する直前の98年末までと、99年からサブプライム・ローン危機が起る前年の2006年末までの二つの時期に分けて、アメリカと先進諸国の長短金利差を示したものである。なお、各国の短期金利は、銀行間のフェデラルファンドやコール取引における無担保翌日物（無担保のデータがない場合には有担保）、または、それに最も満期が近いもので、指標銘柄とみなされているものを選んだ。長期金利は、国債の10年物利回りを中心に、それに最も満期が近いものを選んだ。同種の金利がある場合には、できる限り指標銘柄として利用されているものを選択した。ただし、1980年代前半から一貫した短期金利のデータが取れないカナダ、ドイツ、イタリアについては、98年末までは、各「ユーロ」カレンシーの1週間物金利（LIBOR）を利用した。

　これらの図からわかることは、アメリカと日本の間では1990年前後を除いて、一貫してアメリカの金利が高いことである。また、アメリカとドイツの間でも、1998年末まで、同様の金利差がみられる。それに対して、他の先進諸

第 2 章　アメリカへの資本流入の諸要因

図 2-1　アメリカと先進諸国（日本、カナダ、イギリス）の短期金利差

（1983 〜 98 年、四半期）

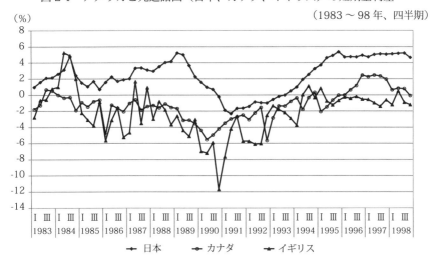

注：カナダは、アメリカの金利とカナダドルの LIBOR の 1 週間物金利の差。
出所：Thomson Reuters Datastream のデータより作成。

図 2-2　アメリカと先進諸国（フランス、ドイツ、イタリア）の短期金利差

（1983 〜 98 年、四半期）

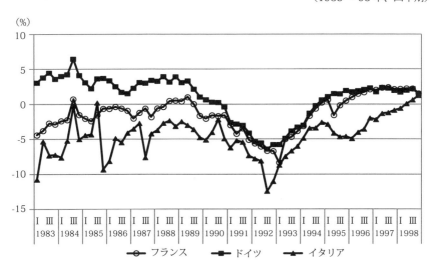

注：ドイツとイタリアは、アメリカのフェデラルファンド金利と各 LIBOR の 1 週間物金利の差。
出所：Thomson Reuters Datastream のデータより作成。

図2-3 アメリカと先進諸国（日本、カナダ、ユーロ域、イギリス）の短期金利差

（1999～2006年、四半期）

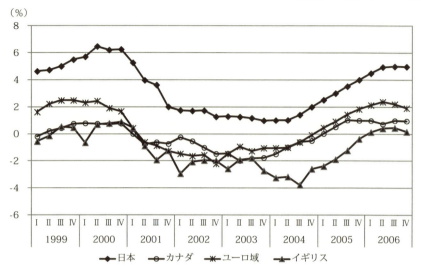

出所：Thomson Reuters Datastreamのデータより作成。

図2-4 アメリカと先進諸国（日本、カナダ、イギリス）の長期金利差

（1983～98年、四半期）

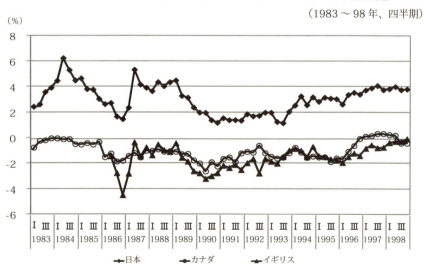

注：イギリスは1986年第1四半期までデータが存在しない。
出所：Thomson Reuters Datastreamのデータより作成。

第 2 章　アメリカへの資本流入の諸要因

図 2-5　アメリカと先進諸国（フランス、ドイツ、イタリア）の長期金利差

（1983 〜 98 年、四半期）

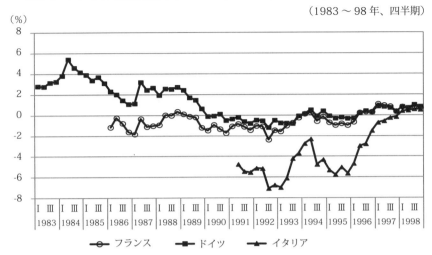

注：イタリアは 1991 年第 1 四半期まで、フランスは 85 年末まで、データが存在しない。
出所：Thomson Reuters Datastream のデータより作成。

図 2-6　アメリカと先進諸国（日本、カナダ、ユーロ域、イギリス）の長期金利差

（四半期ベース、1999 〜 2006 年）

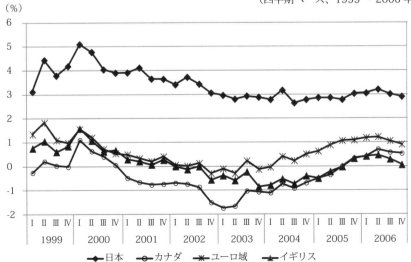

出所：Thomson Reuters Datastream のデータより作成。

図 2-7　日本、カナダ、イギリスの民間部門からアメリカへの対米証券投資（1980～98年、年次）

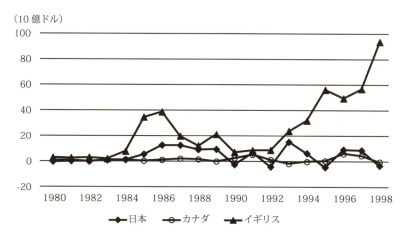

注：財務省証券を除く。
出所：U.S., Bureau of Economic Analysis のデータより作成。

図 2-8　イタリア、フランス、ドイツの民間部門からアメリカへの対米証券投資（1986～98年、年次）

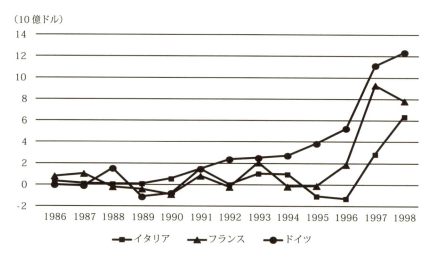

注：財務省証券を除く。
出所：U.S., Bureau of Economic Analysis のデータより作成。

第 2 章　アメリカへの資本流入の諸要因

国との間では、アメリカの金利が中長期的に高いという現象はみられない。

　これらの金利差と、ユーロが誕生した1999年までのアメリカへの民間部門からの証券投資（財務省証券を除く）を較べてみると、国際金融市場としての性質が強いイギリスからの対米証券投資が最も大きく、次に、アメリカとの金利差が大きかった日本からも、アメリカへの投資が活発であったことがうかがえる（図2-7と図2-8）。

　なお、データの入手可能性の問題ゆえに、図2-7と図2-8は、日本、カナダ、イギリスについては1980年から、イタリア、フランス、ドイツについては、86年からのデータである。この二つの図は、財務省証券を除くアメリカ企業の債券と株式などについての傾向を示したものである。大まかな傾向として、アメリカと他の先進6ヵ国の金利差は、1990年代初頭に縮小するものの、その後、再び拡大傾向をみせている。それに応じて、アメリカへの証券投資も増大している。金利差が大きい日本とドイツからは、アメリカへの資本流入が大きい。

　また、2000年以降についても、03年の後半から06年の中頃まで、アメリカとユーロ域との長期金利差および短期金利差は、拡大していた。このことも、ユーロ域からアメリカへの資本流入を継続させた。実際、主要先進国の中では、ユーロ域が日本に次いでアメリカとの金利差が大きく、金融センターとしてのイギリスと並んで、対米投資のインセンティブが大きかったことがわかる。ただし、欧州からアメリカへの証券投資は、この時期、次第に財務省証券から政府機関債や資産担保証券や社債に偏重していく。この点に関連して、バーナンキら（Bernanke, Ben. S., Carol Bertaut, Laurie Pounder Demarco and Steven Kamin, 2011）は、米欧で財務省証券・長期国債の利回りが低位で安定していたため、比較的高い利回りのアメリカMBSなどへの投資を欧州の投資家は選好するようになった、と説明している。つまり、アメリカの財務省証券とユーロ域の長期国債の利回り格差は続いていたものの、長期金利の水準自体が低かったために、より高利回りの債券を欧州の投資家は選好するようになったのである。この時期は、サブプライム危機が発現する前であり、無リスクで低利回りの財務

省証券よりも、ハイリスク・ハイリターンの投資が蔓延していたのである。他にも、バーナンキらは、欧州からアメリカへの証券投資の拡大の要因として、金融のグローバル化によって、欧州投資家のホーム・バイアスが低下したこと、アメリカMBSへのオフバランス投資で主役となった投資主体は、その多くが欧州に立地していたこと、また、銀行の自己資本比率に対する厳しい規制が、こうしたオフバランスでの投資を促進してしまったことを挙げている。

次に、日本については、バブル崩壊後の低金利政策によって、アメリカとの金利差が長期にわたって定着することとなった。そのことが、円キャリー取引を活発化させたといわれている。そこで、次節では、対米資本流入の要因をより詳細に分析するため、円キャリー取引を一例として取り上げ、金利差も含めてどのような要因が日本からの対米投資に影響していたのかを分析しよう。

岩壷健太郎（2009、2010）および大溝一登（2012）は、円キャリー取引に関する実証研究で、円ドルレートのインプライド・ヴォラティリティー、すなわち、投資家が予想する為替レート変化率の安定が、円キャリーを増加させたことを明らかにしている。つまり、米日間の金利差を円ドルレートのインプライド・ヴォラティリティーで除した値（岩壷は、「キャリー・リスク比率」と呼んでいる）が大きいほど、円キャリーが増大するのである。投資家は、米日間の金利差があっても、円ドルレートの安定がなければ、円キャリー取引に旨みを感じない。逆にいえば、円ドルの為替レートの安定は、日本からアメリカへの資本流入をもたらしたことになるのである。

以下で試みるインパルス応答関数による分析は、岩壷（2009、2010）と基本的に同じ手法であるが、株価指数としては、アメリカのS&Pのみではなく、日本の日経平均株価も採用している。具体的には、S&P株価指数の自然対数値を日経平均株価の自然対数値で除したデータ（実際は、その1階の階差）である。なお、円キャリー取引が、アメリカの株価を高める作用を持っていることを岩壷（2009、2010）は明らかにしているが、本節では逆の因果関係、すなわち、日米の株価が円キャリーに与える影響を中心に考察する。つまり、円キャリー取引をする場合、日米の株価を比較して、アメリカの株価の方が値上がりを期

第2章　アメリカへの資本流入の諸要因

待できる場合は、日本の株を売却して得た円をドルに換えて、アメリカの株を購入するといった投資行動が、どの程度あるのかを分析する。なぜならば、本節の目的から、円キャリー取引（実際は代理変数のIMM先物円ポジション）をレスポンス側、日米の株価比率も含めてそれ以外の系列をインパルス側とするからである。

岩壷（2009、2010）は、他の先行研究と同様、円キャリーの代理変数として一般に利用されているシカゴの先物取引所における投機筋のIMM先物円ポジションを利用している。その理由を説明しよう。下の「初期想定」をご覧いただきたい。

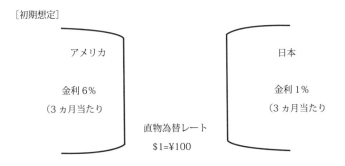

アメリカの金利が3ヵ月で6％、日本の金利が同じく3ヵ月で1％、直物円ドルレートが1ドル当たり100円であると仮定しよう。円キャリー取引の実際のイメージは、日本でたとえば100万円を1％の金利で借り入れて、$1=¥100の為替レートで1万ドルに換え、6％の金利でアメリカで運用して1.06万ドルになり、3ヵ月後に直物為替市場でドル売り・円買いして円に戻して、101万円を返済するというものである。3ヵ月後にドル売り・円買いする直物レートが、たとえば$1=¥100のままであれば、106万円に換わるので、101万円を返済した後も5万円が利益として残る。この5万円は当初の100万円に対して5％であり、為替レートの変化がなかったため、米日間の金利差の5％と完全に同じである。もし、最初に円をドルに換えたときに、3ヵ月後の先物為替予約をしていたとすると、こうした5％の利益は全く出ない。なぜ

53

かといえば、そのときの3ヵ月物・円ドル先物レートは、金利差を反映しておよそ\$1=¥95とドル・ディスカウントであったからである。すなわち、カバー付き取引については、金利平価が通常は成立し、直先変化率は日米の金利差を正確に反映して、5％のマイナスとなるのである。

つまり、円キャリー取引は、あえて先物カバー（ヘッジ）をつけずに、為替レートの安定性を予想して金利差を享受しようとする取引であるといえる。言い換えれば、先物アンカバーに関する平価理論、すなわち、UIP（uncovered interest rate parity）理論が成り立たないから、円キャリーは可能なのである。もしUIPが成り立つならば、3ヵ月後の直物レートは、3ヵ月前に相場が立っていた先物レートの\$1=¥95に収斂しており、5％の金利差は為替の5％の損で帳消しとなるであろう。つまり、将来の直物為替レートは、現在・過去の先物為替レートに収斂するのではなく、金利を反映したままで、どちらかというと円安のままで経過するのである。この例のようにUIPが成り立たない状態では、たとえば3ヵ月預金が満期を迎えてドルを円に換える1週間前に、1週間物の先物ドル売り・円買い予約をすれば、そのレートは新たな直物レートに収斂して、\$1=¥100に近いものとなっているであろう。先物レートが、直物レートに収斂しており、その逆ではない。

そうすると、先物円の為替取引に関するポジションを先物・先渡しを原則として含まない円キャリー取引の代理変数とすることには、多少の無理があるような感想を抱かせる。これについて、岩壷（2009、2010）でも紹介されているが、モグフォード＝ペイン（Mogford, Caroline and Darren Pain 2006）は、先物ポジションと直物市場での直物の価格の関係について、次のように述べている。

「第一に、投機的な先物業界での主要なプレーヤーの見解は、現物（直物）市場でのメインプレーヤーの見解と密接に関連している。すなわち、投資家は、『現金』（現物の意―引用者・前田、補注）と先物市場で、似通った志向のポジションを取る傾向があるのだ。……第二のありうる説明としては、先物の『ネットの』投機的なポジションは、商業筋の投資家に対する取引として発生するものだ、とい

第2章　アメリカへの資本流入の諸要因

うことが挙げられる。……　たとえば、ネットの商業筋のポジションが減少した結果、投機的なネットの先物ポジションの増加が起りうる。商業筋は、その後、そのポジションの減少をヘッジするために、現物市場で買いを入れるかもしれない。これは、現物市場での資産の価格を上昇させる原因となる。他の（第三の—引用者・前田、補注）理由としては、投機家は、資産価格のトレンドに反応して行動する、ということがある。もし先物投機業者が、『トレンド志向』型の取引をするならば資産価格の上昇（下落）に対して、買持ち（売持ち）を形成するであろう。………　しかし、もし市場が完全に効率的であれば、こうしたトレンド志向型の取引は不可能であろう。なぜなら、（もし効率的市場仮説が完全に成り立つならば—引用者・前田、補注）資産市場の動向は、当該資産の将来の変化について、何ら新しい情報を含んでいないからである。……　現物と先物のポジションがなぜ動態的に関連しているのかについての、他の（第四の—引用者・前田、補注）理由としては、先物ポジションを持つ業者は、その手じまいまたはヘッジのために、時間を置いて現物市場での取引を行う、ということがある。たとえば、売持ちの業者は、現物市場で当該証券を買うことで、持高を精算するのである（いわゆる、『ショート・カバーリング』である）」（Mogford, Caroline and Darren Pain, 2006, p.60）。

以上の説明に追加して、以下も、円の通貨先物取引が円キャリーの代理変数となりうる理由としてあるであろう。第一に、上記の「初期想定」の状態から、アメリカの金利が1%上昇して、3ヵ月で7%になったとしよう。先物予約を付けない円キャリー取引は、当然のことながら、この金利差の拡大を好感して増加するであろう。一方、非商業筋(10)の先物取引業者については、以下のようになる。「初期想定」の状態では、3ヵ月物の円ドルレートは、$1=¥95である。アメリカの金利が7%になったため、同先物レートは、直先変化率が金利差6%と等しい、およそ$1=¥94と円高になる。そして、その限月が近づくにつれて、同決済日の円先物レート（たとえば1週間物）は、$1=¥100に近づいてくる（直物レートはずっと不変と仮定）。およそ$1=¥100の先物レートで反

対のポジションを作り、差金決済すれば、1取引当たり、6円弱の儲けが残る。以前は、同様の取引でおよそ5円の儲けであったことと比較すると、こうした先物円取引が増加することは明らかである。つまり、米日金利差が拡大すると、先物円ショート（売り）が増加するのである。

　第二に、円キャリー取引は、直物為替レートの変化に対しても起るが、先物円取引もまた同様である。たとえば、「初期想定」の状態から、金利は不変だが直物為替レートが＄1=¥101と円安になると予想されるとしよう。円キャリー取引では、100円を3ヵ月当たり1％の金利で借りてきて、現在のレート＄1=¥100で円売り・ドル買いして、1ドルに換えてアメリカで6％の金利で運用し、その後、円に戻すときに＄1=¥101になっていれば、初期想定での円キャリーの場合よりも儲けは大きくなる。同様に、先物円取引では、現在の3ヵ月物・円先物レートが＄1=¥95なので、円ショートしておき、決済日が近づくまでに予想通り、直物為替レートが＄1=¥101になっていれば、決済日が短い先物為替レートは、＄1=¥101に近い数値となるであろう。よって、反対ポジションの円ロングによって得る円資金の計算量は大きくなり、差金決済後に残る利益は大きくなる。このように、円キャリー取引と先物円ショートポジション（正確には、ロングポジションとショートポジションの差の縮小、または、比率の低下）が、同時的に起るのである。

　以上から、先物円ポジションが、円キャリー取引の代理変数として、利用可能であると判断する。以下では、先物円ロングポジションをショートポジションで除したデータを採用する。このネットポジションの数値が小さくなると、円キャリーが増加したという意味である。

　データと分析手法は以下である。円キャリー取引量の代理変数は、シカゴの通貨先物取引所での非商業筋（non-commercial）の先物円ポジションのデータから、円ロングを円ショートで除した値（代理変数）である。なお、同取引所での円ポジションの単位は、1枚当たり1250万円の枚数である。データの入手先は、米商品先物取引委員会（CFTC: U.S. Commodity Futures Trading Commission）のホームページである。なお、2000年8月15日のlong/short

の値はゼロなので、対数化のため欠損値（NA）に変換した。

　アメリカの金利はLIBOR 3 ヵ月物である。3 ヵ月物を利用した理由は、超短期のFF金利翌日物などよりも、円キャリーの取引満期に近いとの想定による。

　日本の金利は、ユーロ円3 ヵ月物を使う。コール金利との最大の違いは、2000年代前半に発生したマイナス金利が、ユーロ円にはマイナス値で出ているのに対して、コール金利では出ていないことである。金利差の取引実勢により近いのではないかと判断し、ユーロ円3 ヵ月物を採用した。

　インプライド・ヴォラティリティーは、円ドルレートのオプション価格から逆算される3 ヵ月物の円ドル・インプライド・ヴォラティリティーを利用した。ブラック・ショールズ・モデルによれば、オプション価格は、資産のヴォラティリティーが高まると、値上がりする。インプライド・ヴォラティリティーは、オプション価格とブラック・ショールズ・モデルから逆算されるため、投資家の為替レートに対する予想の代理変数として利用されている。

　キャリー・リスク比率は、米日金利差（アメリカ金利マイナス日本金利）をインプライド・ヴォラティリテイーで除した値である。為替リスクに比して、どの程度の金利差の旨みがあるかを表している。

　株価については、アメリカはS&P500株価指数、日本は日経平均株価を利用している。S&P（対数値）を日経平均（対数値）で除した米日株価比率も利用した。円ドルレートは、1ドル当たりの円（邦貨建て）の名目レートの対数値である。

　各データは週次で、円キャリー取引が本格化した2000年の1月4日から、10年の10月26日の552データを採用した[13]。データ間で日付が完全には一致しないが、特に大きなズレがない限り、IMM先物円ポジションのデータの日付と同一とみなして処理している。

　データの欠損などで大きなズレが生じている場合は、欠損値（NA）を追加して可能な限り日付を合わせた。データは、データストリームなどから入手し、為替レートと株価は、対数化した。金利差と株価比率と対数化した為替レート

表2-1 IMM先物円ネットポジションの各系列に対するインパルス応答
(2000年1月4日〜10年10月26日)

期間	KS_INT_GAP	KS_STK_LN_PRC_RATE	KS_CRRY_RSK_RATE	KS_IN_VL	KS_LN_YN_OVR_DLLR
1	-0.010	-0.003	-0.006	0.031	-0.051
2	-0.019	-0.016	-0.095	0.102	-0.308
3	-0.049	-0.043	-0.115	0.125	-0.363
4	-0.053	-0.033	-0.114	0.121	-0.332
5	-0.049	-0.029	-0.105	0.109	-0.296
6	-0.044	-0.026	-0.095	0.097	-0.262
7	-0.039	-0.023	-0.084	0.086	-0.232
8	-0.034	-0.020	-0.075	0.076	-0.205
9	-0.030	-0.018	-0.066	0.067	-0.181
10	-0.027	-0.016	-0.058	0.059	-0.160
計	-0.355	-0.228	-0.812	0.873	-2.389

注:1標準偏差のインパルスに対する反応を示す。
各系列の記号は下記のとおり。
KS_INT_GAPは、米日金利差(LIBORドル3ヵ月物〜LIBOR円3ヵ月物)の階差。
KS_STK_LN_PRC_RATEは、米日株価指数比率(S&P株価指数の対数値/日経平均の対数値)の階差。
KS_CRRY_RSK_RATEは、米日金利差(上記)/インプライド・ヴォラティリティーの階差。
KS_IN_VLは、円ドル為替レートのインプライド・ヴォラティリティー(3ヵ月物)の階差。
KS_LN_YN_OVR_DLLRは、円ドル直物レート(1ドル当たり)の対数値の階差。

を含めて、IMM先物円ネットポジション以外は、すべて単位根があったため、1階の階差を取って定常化している。また、すべての変数を内生変数として扱い、IMM先物円ネットポジションをレスポンス側、それ以外をインパルス側とした。ラグ次数は、赤池情報量基準やシュワルツ基準を参考にして2次とした。さらに、変数の順序に結果が左右されない一般化インパルス応答分析を利用した。

分析の結果は、表2-1と図2-9のとおりである。IMM先物円ポジション(非商業筋)は、すでに述べたように円ドル間の円キャリー取引の代理変数であり、円キャリーが多くなるほどショートが増加するとみなされている。よって、ロ

第 2 章　アメリカへの資本流入の諸要因

図 2-9　IMM 先物円ポジションの各変数に対するインパルス応答
（2000 年 1 月 4 日〜10 年 10 月 26 日）

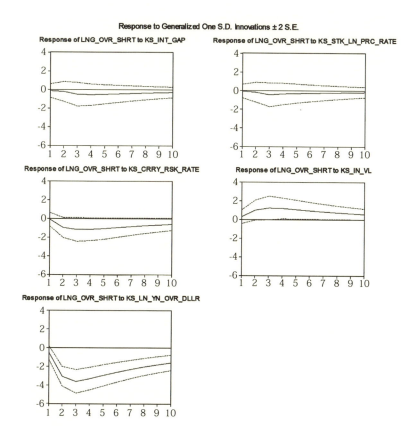

注：LNG_OVR_SHRT は、IMM 円先物ポジション（非商業筋）のロング／ショート。横軸は、期間（週）の経過。縦軸は、各変数の 1 標準偏差のインパルスに対する IMM ネットポジション（ロング／ショート）のレスポンス。破線は、IMM ネットポジションのレスポンスの標準誤差の±2 倍の範囲。

ング／ショートのネットポジションは、小さくなるほど円キャリーが増加したと解釈される。つまり、図で線が下にいくほど、IMM 先物円ネットポジションが SHORT に傾き、円キャリー取引が増大しているとみなしうる。図 2-9 に表れているとおり、円キャリーを増加させている変数としては、多い順に、円ドル直物レート、キャリー・リスク比率、米日金利差である。

　すなわち、米日の金利差よりも、円ドルレート（対数値の階差）が大きく──すなわち円安に──動いた方が、円キャリーはより増加する。このことは、岩壷（2009、2010）の結論と整合的である。IMM 先物円ポジション自体が、もともと円キャリーの代理変数であり、本来のデータは先物為替取引のデータであるからである。取引所における為替の先物取引が、金利よりも直物為替レートに、より直接的な影響を受けることは、当然であるともいえる。問題は、インプライド・ヴォラティリティーが大きく（キャリー・リスク比率が小さく）なると、円キャリーが減少するとの推定結果が出ていることである。しかも、金利差よりも大きな影響力を持っている。この点は、いくつかの先行研究と同様であり、為替レートの不安定性が高まると、キャリー取引による金利差の儲けが得られなくなる懸念を大きくしているのである。以上のインパルス応答分析による結果から、円ドルレートの安定性（不安定性）は、円キャリー取引を代表とした日本からアメリカへの資本流入を増加（減少）させるものだといえよう。

　ちなみに、サブプライム・ローン危機・世界金融危機が顕在化した後の時期として、2007 年 6 月から 10 年 10 月 26 日までのデータで同じ分析をしたところ、結果は表 2-2 のようになった。10 期までの累計を先の 2000 年初めからの分析と比較すると、金利差、キャリー・リスク比率、インプライド・ヴォラティリティー、円ドル直物レートのいずれに対しても、先物円ネットポジションの感応度が低くなっている。米日株価指数比では、符号が逆、すなわち、アメリカの株価が日本より高く推移しつつ、円キャリーが減少する傾向さえみられる。このことは、昨今のアメリカと世界の金融危機で、円キャリー取引がいったんは手じまいされている可能性を示唆している。すなわちホーム・バイアスの高まりによって、株価と円キャリー取引の相関が弱くなり、たまたま日本株

第 2 章　アメリカへの資本流入の諸要因

表 2-2　IMM 先物円ポジションの各変数に対するインパルス応答
（2007 年 6 月～ 10 年 10 月 26 日）

期間	KS_INT_GAP	KS_STK_LN_PRC_RATE	KS_CRRY_RSK_RATE	KS_IN_VL	KS_LN_YN_OVR_DLLR
1	-0.058	0.001	0.022	0.024	-0.054
2	-0.046	0.064	-0.021	0.047	-0.262
3	-0.036	0.053	-0.041	0.035	-0.312
4	-0.044	0.055	-0.053	0.034	-0.301
5	-0.032	0.051	-0.057	0.032	-0.271
6	-0.025	0.043	-0.054	0.028	-0.237
7	-0.023	0.037	-0.049	0.026	-0.205
8	-0.018	0.032	-0.043	0.022	-0.175
9	-0.016	0.027	-0.037	0.019	-0.149
10	-0.013	0.023	-0.031	0.016	-0.127
計	-0.313	0.385	-0.363	0.285	-2.094

注：1 標準偏差のインパルスに対する応答を示す。KS_STK_LN_PRC_RATE は、米日株価指数比率（S&P 株価指数の対数値／日経平均の対数値）の階差。

表 2-3　IMM 先物円ポジションの各変数に対するインパルス応答
（S&P500 指数を利用、2000 年 1 月 4 日～ 10 年 10 月 26 日）

期間	KS_INT_GAP	KS_LN_S_AND_P	KS_CRRY_RSK_RATE	KS_IN_VL	KS_LN_YN_OVR_DLLR
1	-0.013	-0.025	-0.009	0.033	-0.053
2	-0.022	-0.020	-0.095	0.105	-0.307
3	-0.049	0.021	-0.113	0.125	-0.361
4	-0.053	0.003	-0.110	0.118	-0.334
5	-0.046	-0.005	-0.106	0.111	-0.303
6	-0.043	-0.005	-0.095	0.098	-0.267
7	-0.039	-0.005	-0.084	0.087	-0.236
8	-0.034	-0.005	-0.074	0.077	-0.208
9	-0.030	-0.004	-0.065	0.068	-0.183
10	-0.026	-0.004	-0.058	0.060	-0.161
計	-0.356	-0.048	-0.809	0.881	-2.414

注：1 標準偏差のインパルスに対する応答を示す。KS_LN_S_AND_P は、アメリカの株価指数 S&P500 の対数値の階差。

の相対的な値下がりと円キャリー取引の手じまいが同時に起っただけであろう。

次に、データ期間を当初のとおり、2000年初めから2010年10月26日までで、岩壷（2009、2010）で採用されたS&P500指数を使った場合の結果は、表2-3である。第2列目がS&P500指数に対する先物円ポジションの反応である。インパルスが発生してから初期では、S&P株価指数に対する反応の方が、米日株価指数比よりも早く出ているが、10期累計でみると米日株価指数比の方が、持続的な影響を与えているようである。

最後に、ラグ次数を2としたグレンジャー因果と分散分解の結果は、表2-4、表2-5のとおりである。株式については、IMMポジションとの間にクレンジャー因果がないという帰無仮説を棄却できていない。株式価格へのIMMポジションの影響はそれほど確認できないと考えるべきであろう。ただし、円ドル直物レートとのグレンジャー因果については、円ドル直物レート（対数の階差）はIMMポジションに影響しているが、逆に、IMMポジションは円ドル直物レートにグレンジャー因果を持っていない、との結果になっている。

しかし、円キャリーのポジションの巻戻し（手じまい）が、円高の原因になっていることは周知のことであり、実態と整合性がない。IMMポジションを円キャリーの代理変数とすることの限界が、こうした実態とのズレをもたらしている可能性がある。

第3節　公的レベルの資本流入
──公的国際通貨としてのドルの機能

前節では、先進諸国の1980年代以降の状況について、アメリカとの金利差が、アメリカへの資本流入をもたらす要因であることを確認し、さらに円キャリー取引を分析することで、金利差と為替レートの予想の組み合せも、大きな要因であることを明らかにした。しかし、アメリカへ大規模な資本流入を続けてきた国としては、先進国だけではなく、途上国の存在も大きい。つまり、外

第 2 章 アメリカへの資本流入の諸要因

表 2-4 グレンジャー因果
（帰無仮説 = グレンジャー因果を持たない確率）

結果側原因側	KS_INT_GAP	KS_CRRY_RSK_RATE	KS_LN_YN_OVER_DLLR	LNG_OVR_SHRT	KS_LN_NKK	KS_LN_S_AND_P
KS_INT_GAP	-	0.002	0.374	0.818	0.083	0.213
KS_CRRY_RSK_RATE	0.003	-	0.815	0.050	0.071	0.075
KS_LN_YN_OVER_DLLR	0.450	0.468	-	0.000	0.000	0.056
LNG_OVR_SHRT	0.641	0.968	0.915	-	0.371	0.444
KS_LN_NKK	0.000	0.286	0.010	0.202	-	0.467
KS_LN_S_AND_P	0.013	0.103	0.042	0.612	0.414	-

表 2-5 IMM ネットポジションのインパルス応答における分散分解

期間	S.E.	LNG_OVR_SHRT	KS_INT_GAP	KS_STK_LN_PRC_RATE	KS_CRRY_RSK_RATE	KS_IN_VL	KS_LN_YN_OVR_DLLR
1	0.857	100.000	0.000	0.000	0.000	0.000	0.000
2	1.251	95.449	0.004	0.010	0.507	0.029	3.999
3	1.513	92.089	0.070	0.079	0.859	0.086	6.817
4	1.690	90.407	0.125	0.096	1.094	0.122	8.156
5	1.817	89.453	0.160	0.105	1.250	0.138	8.894
6	1.910	88.856	0.184	0.112	1.352	0.147	9.350
7	1.979	88.459	0.199	0.116	1.422	0.153	9.651
8	2.032	88.185	0.210	0.119	1.471	0.156	9.859
9	2.072	87.99	0.217	0.121	1.506	0.159	10.007
10	2.103	87.847	0.223	0.123	1.531	0.161	10.115

貨準備の増加という形での対米資本流入である。そこで、本節では、公的国際通貨（基準通貨、介入通貨、準備通貨）としてのドルの機能が、どのようにアメリカへの資本流入に作用していたかを検討する。

アメリカへの資本流入のうち、財務省証券については、経常収支の黒字を計上してきた国・地域、および、資本の流入が大きかった国・地域が大きな役割を果している。特に、中国が人民元の急激な増価を嫌って、ドル買い・人民元売りの為替市場介入を続けてきたことは、中国の巨額のドル準備の一因となってきた。このように、基準通貨・介入通貨・準備通貨といった公的国際通貨としてのドルの機能は、アメリカへの資本流入の大きな要因である。多くの国が対ドルで為替レートを安定させようとする理由は、輸出競争力を維持したり、労賃などのコストの相対的な上昇を阻止したりしたいからである。特に、輸出依存型の経済構造、とりわけ対米輸出が大きい国にとっては、対ドル為替レートの安定は、大きな問題である。アジアや中南米の国々が対ドルレートの安定を志向してきた理由は、実体経済における対米依存度の高さである。

表2-6と表2-7は、サブプライム・ローン危機前までの世界とEUの貿易における、貿易依存度を地域別に示したものである。国単位ではアメリカが極めて大きな比率を示している。ただし、少しずつ、アメリカの比率が低下していることがわかる。EUは地域としては、圧倒的に大きな比率を占めている。しかし、表2-7で明らかなように、EUの貿易では、対EU域内の比率が高い。2007年までに輸出も輸入も一貫して60%台の域内貿易比率をみせている。以上から、少なくとも2007年まで、アメリカは世界の貿易で、国単位としては大きな比重を占めており、そのため、対ドル為替レートの安定を志向する国が多かったといえる。

では、ドルに対して為替レートを安定させようとしている国は、サブプライム・ローン危機前には、どの程度存在したのであろうか。この点を検討するため、IMFによる為替制度分類という定性的な手法とともに、為替レートの実際の変化をたどるという計量的な手法を使ってみよう。為替レートの変化をみるためには、データの連続性を確保するため、ユーロが誕生してからの1999年1月

第 2 章　アメリカへの資本流入の諸要因

から、サブプライム・ローン危機の前年の 2006 年末までを対象とする。また、その期間のサンプルとして、04 年の為替制度についての IMF の分類を利用する。
(14)

その結果が、表 2-8 である。数字は国の数を表し、左側の（ ）内の数字は、対ユーロでの為替レート変化率の相関係数が、1999 年 1 月から 2006 年 12 月までに 0.9 より高い国の数、同様に右側の（ ）内の数字は、対ドルで相関係数が 0.9 より高い国の数である。特徴的なのは、「事前の取決めレート方向なしの管理変動制」などに分類されているものの、対ドルで為替レートが安定している国が、多々みられることである。

たとえば、シンガポールは、バスケットペッグ制を採っており、バスケット

表 2-6　世界の地域別貿易依存度（2001 〜 07 年、年次）　　（単位：%）

輸出	2001	2002	2003	2004	2005	2006	2007
対世界計	100.000	100.000	100.000	100.000	100.000	100.000	100.000
対米国	17.894	17.474	16.248	15.552	15.392	14.734	13.686
対日本	5.150	4.747	4.613	4.474	4.440	4.326	4.072
対独	7.846	7.580	7.917	7.669	7.334	7.258	7.319
対中国	3.600	4.207	5.024	5.371	5.593	5.883	6.197
対 EU	39.051	39.113	40.446	39.815	38.370	37.825	38.691
輸入	2001	2002	2003	2004	2005	2006	2007
対世界計	100.000	100.000	100.000	100.000	100.000	100.000	100.000
対米国	12.333	11.390	10.193	9.420	9.023	8.621	8.417
対日本	7.041	6.950	6.710	6.600	6.168	5.709	5.425
対独	8.804	9.188	9.615	9.533	9.061	8.927	9.262
対中国	6.497	7.320	7.939	8.563	9.373	9.891	10.533
対 EU	36.504	37.150	38.494	37.689	35.766	35.594	36.647

注：輸出は FOB 建て、輸入は CIF 建て（各国からの報告データの区別が異なる場合、CIF/FOB=1.1 の係数を使って推計されている）。世界計は、DOT データ。
出所：IMF, *Direction of Trade Statistics, yearbook 2008* より作成。

表 2-7　EU の地域別貿易依存度（2001 ～ 07 年、年次）

（単位：%）

輸出	2001	2002	2003	2004	2005	2006	2007
対世界計	100.0	100.0	100.0	100.0	100.0	100.0	100.0
対 EU	66.7	66.7	67.6	67.3	66.5	66.7	66.8

輸入	2001	2002	2003	2004	2005	2006	2007
対世界計	100.0	100.0	100.0	100.0	100.0	100.0	100.0
対 EU	62.3	63.5	64.5	63.9	62.0	62.7	63.5

注：輸出は FOB 建て、輸入は CIF 建て（各国からの報告データの区別が異なる場合、CIF/FOB=1.1 の係数を使って推計されている）。世界計は、DOT データ。
出所：IMF, *Direction of Trade Statistics, yearbook 2008* より作成。

の中身としての通貨のウェイトは明らかではない。しかし、シンガポールドルの対米ドルの為替レート変化率の相関係数は 0.9 を超えている。このことは、対米ドルでペッグ率が高い人民元なども、シンガポールの為替政策におけるバスケットに含まれている可能性を示唆している。この例のように、必ずしもドルやユーロにペッグしていると公的に公表されてはいないものの、実は対ドルや対ユーロでレートを安定させている国が存在するのである。この問題について、ドルに対する信認にかかわらせて、前田直哉と西尾圭一郎（2010）は次のように説明している。

「ドル・ペッグ（事実上を含む）を採用している国の通貨当局はドル買い介入を行ってドル相場を維持し、ドル相場の変動を許容している国の通貨当局もドル相場の下落が急激に進行する場合にはドル買い介入を行ってその抑制を図っている。このようなドル相場を安定化させるメカニズムがまさにアメリカが巨額のドル残高を累積させながら、ドル相場の安定化のためにマクロ政策を振り向けないことを基本的に可能にし、国際通貨ドルに対する信認もまた基本的に維持しているのである」（前

第2章 アメリカへの資本流入の諸要因

表 2-8 為替相場制度の分類と対ドル・対ユーロ為替レートの相関

	他国法貨使用		CFAフラン圏		マネタリー・アグリゲート・ターゲット	インフレーション・ターゲッティング・フレームワーク	IMF支援、その他の金融プログラム	その他
		ECCU	WAEMU	CAEMC				
独自の法貨放棄	10(0)(2)	6(0)(5)	8(8)(0)	6(6)(0)				12ユーロ加盟国
カレンシーボード制		7(3)(3)						
他の伝統的固定相場制	1通貨へ固定 34(3)(22)		複合通貨へ固定 9(0)(1)		1(0)(1)			
ホリゾンタルバンド	協調的バンド制 2(1)(0)		他のバンド制 3(1)(0)			1(0)(0)		
クローリングペッグ	6(0)(5)				1(0)(0)		1(0)(1)	
クローリングバンド	1(0)(0)							
事前の取決めレート方向なしの管理変動制					13(0)(7)	4(0)(2)	15(1)(7)	19(0)(8)
独立変動相場制					5(0)(4)	17(0)(3)	6(0)(2)	7(0)(1)

注:数字は国の数を表す。左側( )内の数字は、1999年1月から2006年末のスイスフランをニュメレールとする為替レート変化率(月次)の相関係数が、対ユーロで0.9より大きい国の数。右側( )内の数字は、同期間に対ドルで相関係数が0.9より大きい国の数。ECCUは、Eastern Caribbean Currency Unionの略。WAEMUは、West African Economic and Monetary Unionの略。CAEMCは、Central African Economic and Monetary Communityの略。

出所:IMF (2004), "Classification of Exchange Rate Arrangements and Monetary Policy Frame-works," IMF, "Annual Report on Exchange Arrangements and Exchange Restrictions" 各号より作成。為替レートは、IMFのオンラインデータベースのIFSより、対SDR月次レートを元に算出。

田直哉・西尾圭一郎、2010、78頁)。

　この引用では、公的国際通貨としてのドルの機能、すなわち、準備通貨機能が、ドル相場を安定させ、ドルに対する信認の維持に寄与していることが、説明されている。なお、対ドルでの為替レート安定を志向している国の問題を全世界的な問題にまで結びつけることは、必ずしも適当ではなく、たとえばユーロ域は基本的に為替市場に介入していない。

　ちなみに、この表2-8では、中国は、「1通貨へ固定」に分類されており、対ドルで0.9を超える為替レートの相関係数をみせている。対ドルで為替レートが安定しているこのような国々は、サブプライム・ローン危機前の段階をみる限り、アメリカへの資本流入も大きい。そのことを示したのが、表2-9である。これは、アメリカの財務省のTIC（Treasury International Capital System）から作成した、2006年6月末のアメリカの財務省証券（Treasury billを除く）と政府機関債の保有額の合計が、上位30に入る地域を金額の多い順に表にしたものである（ただし、公的機関と民間の両者による保有額である。なお、30地域の中からオフショアセンターを除外している）。最右列は、1999年から2006年末までの対ドルの為替レート変化率を表2-8と同じ方法で算出したものである[15]。

　この表の国々は、経常収支黒字国と対ドルで為替レートを安定させている国・地域、および、欧州諸国の二つに大別できることがわかる。このように、対ドルで為替レートを安定させてきた国が多々存在することが、アメリカへの資本流入を生み出していたことがわかる[16]と同時に、欧州については、Ⅱ節で述べた金利差など、また別の理由が存在することも明らかとなった。言い換えれば、対ドルでの為替レートの安定をもっぱら志向している国は、特定の国に限られている、ということもできる。

第2章 アメリカへの資本流入の諸要因

表 2-9 アメリカの財務省証券と政府機関債の主な保有地域と対ドル為替レートの相関係数

	保有額（100万ドル）	相関係数
日本	719,303	0.89
中国	619,451	0.99
台湾	114,424	0.79
韓国	103,913	0.66
ルクセンブルグ	90,119	-0.22
イギリス	75,152	0.76
香港	64,879	1.00
メキシコ	56,517	0.99
ベルギー	55,753	-0.22
ドイツ	53,331	-0.22
スイス	42,543	-0.84
ロシア	42,415	0.88
シンガポール	40,350	0.96
ブラジル	36,535	0.72
オランダ	35,316	-0.22
アイルランド	35,315	-0.22
フランス	23,087	-0.22
カナダ	20,681	0.46
オーストラリア	20,013	-0.04
スウェーデン	18,005	0.15
イタリア	17,605	-0.22
トルコ	14,122	0.75
マレーシア	13,602	0.99
タイ	12,812	0.90
デンマーク	10,066	-0.20
ポーランド	10,045	0.42

注：2006年6月末時点で保有額が多い順に30地域（ただし、オフショアセンターを削除）。財務省証券には、Treasury bill を含まない。為替レートの相関係数は、1999年から2006年末までの各通貨の対スイスフランレート（月次）のドル・スイスフランレートに対する相関係数。
出所：アメリカの財務省の TIC のデータ、IMF のオンラインデータベースの IFS、および、Thomson Reuters Datastream のデータより作成。

第4節　結論

　本章は、2006年までのアメリカへの資本流入の要因を明らかにした。アメリカへの資本流入の要因として、金利差と対ドルでの為替レートの安定を重視している国、特に途上国の存在について説明した。とりわけ2000年初頭から06年までは、アメリカの好況による旺盛な輸入によって、途上国特に中国は大量のドルを獲得して、アメリカに公的準備という形で資金を還流させてきた。また、アメリカと先進国、とりわけ、日本とドイツとの長期にわたる金利差も、アメリカへの資本流入をもたらしたといえる。さらに、本章では、円キャリー取引を行っている投資家にとって、ドルのレートに対する予想が、アメリカへの資本流入にとって大きな要因として働いていることも明らかとなった。
　以上のようなアメリカへの資本流入は、他の先進諸国への資本流入とは以下の点で異なっている。第一に、準備通貨としてのドルの機能は、いうまでもなく他の通貨にないものであり、アメリカの経常収支赤字を長期にわたって可能にし、グローバル・インバランスの起点となった。第二に、ドルの準備通貨機能すなわち公的レベルの対米資本流入は、財務省証券の流通価格やドルの為替レートを下支えしてきた。そのことは、民間レベルでのアメリカへの投資を一定程度、増加させる役割を果したといえよう。第三に、アメリカへの資本流入は、特に2000年代の中頃には、アメリカの長期金利を低位に安定させていた。そのことは、アメリカの好況を持続させ、住宅バブル加熱の一因になるとともに、消費大国としてのアメリカの性質ゆえに、対米輸出依存度の高い国々の成長と発展をもたらした。
　このように、国際的な資金フローが向かう対象として、アメリカが最大のプレゼンスを持つという構造は、様々な要因が複合的に作用して形成されてきたといえよう。しかし、国際資金フローにおけるアメリカの中心的な役割は、資本流入だけではなく、対外投資においてもみられる。すなわち、対外資産・負

第2章　アメリカへの資本流入の諸要因

債の両方で、アメリカは国際的な資金の流れの中心に位置してきたのである。そこで、次章では、アメリカへの資本流入が、アメリカからの対外投資を始動させ展開させる経緯を説明するとともに、アメリカから外国への資本流出が、どのような構造を有しているのかを分析する。

第3章　アメリカの対外証券投資の始動と展開

第1節　問題の設定
　　　――アメリカの対外証券投資の構造と要因

　第1章と第2章でみたように、1980年代以降のアメリカの国際資金フローでは、まずアメリカの高金利・ドル高政策によって資本流入が増加し、1990年代以降も、先進国を中心とした金利差、および、産油国や途上国などの対ドルペッグ・為替レート安定政策によって資本流入が続いた。また、対外投資については、まずアメリカからの直接投資が増加した。すなわち、1980年代前半の金融引締めとドル高政策は、アメリカの不況を深刻化し、アメリカの産業・企業の国際競争力を低下させたので、アメリカ企業は、それまでの先進諸国に対してだけではなく、メキシコなど途上国への対外直接投資を本格的に展開するようになったのである。たとえば、すでに説明したように、メキシコへのアメリカ企業の進出は、メキシコの輸出を1980年代に増加させており、しかもその輸出の主な担い手はアメリカ系の企業であった。ところが、1990年代の後半以降、アメリカの対外資産は直接投資だけではなく、株式形態での資本流出が大きくなり、2000年代に入ると、ついに株式投資が最大の項目になっていった。このように、アメリカの国際資金フローは、負債側だけではなく、資

産側でも世界で最大の規模を示すとともに、対外投資としては有価証券、特に、株式投資が主体となっていく。本章の課題は、このような構造が1990年代以降に生み出された経緯と要因を明らかにすることである。その際、アメリカの対外投資が、第2章までに説明した資本流入といかなる関係にあるのかを明らかにすることは、非常に重要な問題である。なぜなら、もしアメリカの対外投資がアメリカへの資本流入と有機的に結びついているのであれば、アメリカへの資本流入が減少すれば、アメリカから世界への投資も縮小する可能性があり、世界に多大の影響を与えかねないからである。

　なお、本章で主な対象とする時期は、2007年のサブプライム・ローン危機が起る前までである。2007年以降の状況については、第5章で説明する。次節では、先進諸国の直接投資の波が、途上国の経済発展をもたらし、その結果、アメリカから途上国への株式投資が展開されるにいたった様子を説明する。そして、第3節では、そうした途上国の直接投資の受け入れが、アメリカの対外株式投資先に変化を引き起したことを明らかするとともに、アメリカの対外株式投資の構造が、アメリカの国際資金フローの構造を持続させる役割を果してきたことを示す。

第2節　アメリカの国際資金フローの構造を規定した直接投資の展開

　1980年代に、アメリカからの対外直接投資が活発化したが、これは、日本と欧州の産業と企業にとっては、アメリカの産業・企業に対する国際競争において、厳しい状況に立たされたことを意味している。その結果、日本と欧州の産業・企業の途上国への直接投資も増加を始める。さらに、経済のグローバル化と貿易自由化の進展、プラザ合意以後のドル安、中東欧での社会主義の崩壊によっても、こうした動向は促進された。

　先進諸国から途上国へのこうした直接投資の展開が、果たして途上国の経済発展にとってプラスなのかどうかについては、様々な実証研究が異なった結論

第 3 章　アメリカの対外証券投資の始動と展開

を導いている。たとえば、企業別の分析では、直接投資は必ずしも経済成長に寄与していない、との結果を得ているものもある。しかし、コワレウスキー（Kowalewski, Oskar, 2008, pp.88-89）は、受け入れ側である途上国が、規制緩和や政治の安定など、直接投資を活かせるポテンシャルを持っている場合には、農業分野を除いて、直接投資が成長を加速させているとしている。また、島田克美（2001、211 頁）では、1970 年代以後から 1990 年代前半までの東アジアの奇跡といわれるほどの高成長について、その成長をリードしたのは輸出であり、しかも輸出向け製造業が外資に依存する度合いが高いことを指摘している。また、成長会計の分析を通して菅原秀幸（1997）は、東アジアの 1990 年代における高成長の要因について、資本と労働の量的拡大だけではなく質的向上、および、全要素生産性による技術の高度化も大きく作用しているとして、次のように述べている。「東アジアの経済成長は、異なった発展段階にある国々のキャッチ・アップのプロセスといえる。アジアでは生産要素の賦存状況が大きく異なっているので、貿易と直接投資による相互補完的な分業体制の構築を進めることで、地域全体での生産要素の効率的・効果的利用が可能になっている。キャッチ・アップのプロセスで構築されてきた相互補完的分業体制は、日本の NIES への直接投資によって始まり、その後日本から ASEAN、NIES から ASEAN、さらに 1990 年代では日本、NIES から中国、ベトナムへと広がっている。成長段階の高い国から低い国へと行われる直接投資は、生産要素の利用効率を上昇させ、双方の成長と産業構造の高度化をもたらしてきた。その結果、東アジア全体での経済成長が実現されている」（菅原秀幸、1997、34 頁）。

　このように、マクロレベルでみれば、途上国への直接投資は、特定の産業を除いて、一般的に経済成長率を高めている。主要先進国から途上国への直接投資の増大は、さらに、途上国の貿易の形態、さらには、証券投資や銀行勘定やその他投資までも大きく変えることとなった。以下、この経緯を説明しよう。なお、アメリカから中南米特にメキシコへの直接投資の増大と、その後の貿易関係の変容については、第 1 章で説明したので、日本・アジアと欧州について説明する。

アジア金融・通貨危機前についてよく指摘されている特徴として、ASEAN4（インドネシア、タイ、フィリピン、マレーシア）の中国との直接投資における競合が挙げられる。たとえば、タイへの直接投資は1980年代後半から1990年まで増加傾向にあったが、その後の数年は低迷して、増加に転じるのは1995年からである。それに対して中国への直接投資は、1985年から急増した。タイへの直接投資が、1990年代前半までは好調であったのに、後半から減少しているのと対照的である。1997年までのタイへの資本流入は、その結果、直接投資から証券投資や銀行借入れにシフトしていった。特に、アウト－イン型の資本流入を可能にしたオフショア市場すなわちBIBF（Bangkok International Banking Facilities）を通じた短期資本の大量流入を惹起してしまい、アジア金融・通貨危機の一つの原因となったことは、記憶に新しい。

さて、アジア金融・通貨危機を経て、ASEAN4の国際資金フローは大きく様変わりすることとなった。まず、景気拡大にブレーキがかかり、投資不足の結果、経常収支が黒字に変わった。さらに、資金調達構造の変容が起った。これは、ダブルミスマッチすなわち短期借り・長期貸し、および、外貨建て負債・自国通貨建て資産という、国・金融機関・企業におけるアンバランスな資産・負債の構造が危機を深刻にしたとの反省から、自国通貨建ての長期資金を調達しようとの考え方である。その中には、銀行融資一辺倒の信用制度は、システムの安定性に問題があるので、直接金融を育成すべきだとの方針も含まれている。アジア・ボンド・ファンドの誕生と成長は、こうした流れの一環である。このように、ASEAN各国への資本流入は、直接投資や銀行融資一辺倒の構造から、有価証券を含めた多様化したチャンネルに向かっていったのである。[17]

次に、欧州についてみてみよう。図3-1から図3-3は、日米独仏の対外直接投資の推移を1980年から追ったものである。なお、図3-3では、日独仏の対ドル為替レートの変化による残高データのブレを調整している。[18] 主要先進国からの対外直接投資残高では、アメリカからのものが圧倒的に大きいものの、フローとしては、アメリカに並んで、1980年代後半に日本が、1990年代にはフランスとドイツも著しい増加をみせている。ちなみに、アメリカの対外直接

第3章　アメリカの対外証券投資の始動と展開

投資が2005年に大きく落ち込んでいるのは、アメリカの雇用創出合意法（Job Creation Act）によって、外国の子会社などであげた利益を2005年末までにアメリカ内に還流させた場合に、減税措置が採られたことに対する企業の対応によるものである。

こうしたフランスとドイツの1990年代における対外直接投資の伸びは、EU統合の進展によるものである。すなわち、ユーロへの参加とEU加盟交渉は、どちらも直接投資を増加する効果を持っている。たとえば、岩崎一郎と菅沼桂子（2007）は、「EU加盟交渉が進展し、より高次の政治段階へ移行するとともに、その直接投資誘因効果も、漸次増大する傾向があること」（同書、2007、147頁）を明らかにしている。

ただし、EU加盟交渉の最終局面では、外資系企業に対する投資優遇策の全面的な見直しを迫られるため、加盟交渉が逆に直接投資に対してマイナスに作用することも明らかにされている(19)（同書、2007、172頁）。

図 3-1　主要先進諸国（アメリカ、日本、ドイツ、フランス）の対外直接投資残高推移
（1980～2007年、年次）

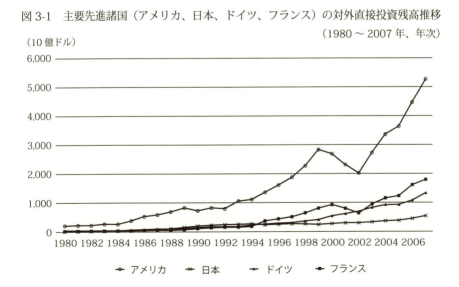

出所：UNCTADのデータより作成。

図 3-2　主要先進諸国（アメリカ、日本、ドイツ、フランス）の対外直接投資フロー
（1980 〜 2007 年、年次）

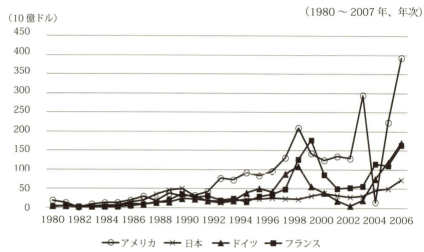

出所：UNCTAD のデータより作成。

図 3-3　主要先進諸国（アメリカ、日本、ドイツ、フランス）の対外直接投資残高推移
（為替レート変化を調整、1980 〜 2007 年、年次）

出所：UNCTAD のデータより作成。

第 3 章　アメリカの対外証券投資の始動と展開

そこで次に、欧州における対内直接投資についてみてみよう。なお、以下では欧州内を次のように区分した。まず、2004 年 5 月の中東欧の EU 加盟以前に EU に加盟していた西欧の国々に、EU 非加盟の主要国としてスイスを加えたグループを「西欧」に、同様に 2004 年 4 月以前の EU に加盟する南欧の国々すなわちイタリア、ギリシャ、スペイン、ポルトガルを「南欧」に、同じく 2004 年 4 月以前の EU に加盟する北欧の国々に EU 非加盟の主要国としてアイスランドとノルウェーを加えたグループを「北欧」に、最後に、2004 年 5 月から 2007 年末までに EU に加盟した中東欧の国々を「中東欧」に分類した。2004 年 5 月以降の中東欧の EU 加盟は、それらの国々への直接投資の受け入れ動向に大きく影響しているため、このように分類するのである。

　図 3-4 と図 3-5 は、欧州各国への対内直接投資の額（グロスフロー、ドル建て）を地域別に集計したもので、図 3-4 が実数、図 3-5 が 1990 年を 100 とする指数のグラフである。額としては西欧への直接投資が大きく、伸びとして

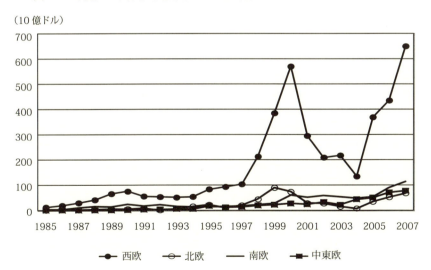

図 3-4　欧州への対内直接投資フロー地域別推移（1985 〜 2007 年、年次）

出所：UNCTAD のデータより作成。

図 3-5 欧州への直接投資フローの地域別推移(指数、1985 〜 2007 年、年次)

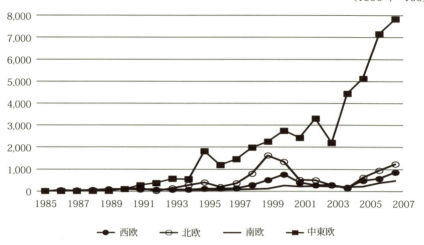

出所:UNCTAD のデータより作成。

は、中東欧が大きいことがわかる。

　また、表 3-1 は、EU27 ヵ国[20]の対外直接投資の資産残高を地域別にみたものである。アメリカ、カナダ、日本の対外直接投資の資産残高についても表示されている。これをみてわかるとおり、EU の直接投資は、対域内の比率が高く、地理的・地域的要因が強く作用している。

　次に、EU 域外への EU27 ヵ国からの直接投資をみると、突出して大きな投資先である北米地域を除いた図 3-6 によると、アジア[21]が最も大きく、次いで中米、南米の順である。

　以上から、欧州の直接投資の特徴として、①欧州における直接投資は、1990 年代の後半から非常に増加している。また、流出入とも域内が大きく、地域化が非常に進展している。②伸びとしては中東欧への直接投資が大きく、③その中でもチェコ、ハンガリー、ポーランドが残高で多くを占めており、④欧州以外への直接投資では、最大の行先である北米を除けば、アジアが最大で、次いで中米、南米の順であることがわかる。このことは、欧州の貿易依存度に

第 3 章　アメリカの対外証券投資の始動と展開

表 3-1　EU27 ヵ国の対外直接投資残高（2004 ～ 06 年、年次）

（単位：100 万ドル）　　　　　　　　　　　　　　　　　　　　（単位：倍）

	2004 年	2005 年	2006 年
EU 域内	3,604,206	3,907,413	4,315,422
EU 域外	2,199,935	2,435,244	2,706,231
EFTA	297,683	352,330	376,826
アメリカ	815,787	850,366	934,309
カナダ	80,493	96,950	119,566
日本	79,463	90,161	75,516

出所：EUROSTAT, *European Union foreign direct investment yearbook 2008*（2008 edition），p.87.

おいても、欧州域内が大きいことと相関している。とりわけ、中東欧が EU に 2004 年に加盟する前後から、西欧から中東欧への直接投資が増加し、中東欧が EU 内貿易に包摂されていった様相を呈している。

　以上、アジアと欧州について、直接投資の隆盛の経緯をたどった。欧州では域内での直接投資が多いという特徴が強く現れていることがわかる。こうした特徴は、アメリカを中心とする国際資金フローというベースとなる視角に一定の留保ないし追加が必要であることを物語っている。さらに、貿易や証券投資の地域別・国別の依存度にとって、直接投資との相関という問題が横たわっていることも明らかになった。では、アメリカの国際資金フローは、こうした認識をもとにみればどのような特徴を持っているのであろうか。本章のテーマである、アメリカの対外証券投資との関係について、検討しよう。

　証券投資のうち、直接投資との関係を追うのであれば、国債が含まれる債券投資よりも株式投資の方が、より適切であろう。そこで、以下では、まずアメリカの対外株式投資の特徴を 2006 年末の残高で検討し、次に、2001 年から 2006 年における残高の伸びを検討する。さらに、アメリカからの対外株式投資残高について、2001 年末と 2006 年末の伸びを直接投資の受け入れ残高の伸びと比較する。2006 年末を選ぶ理由は、サブプライム・ローン危機が始ま

図 3-6　EU27 ヵ国の対外直接投資・資産残高の地域別内訳（2000～06 年）

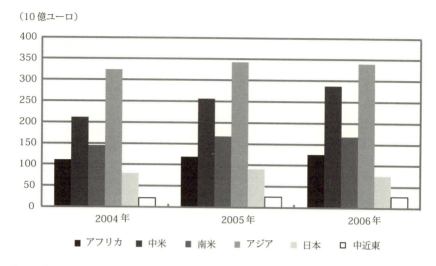

注：アジアは、中国、香港、インド、インドネシア、韓国、シンガポール、台湾を意味する。
出所：EUROSTAT, *European Union foreign direct investment yearbook 2008*,（2008 edition）, p.29.

る前だからである。

　表 3-2 は、アメリカの民間部門による対外株式投資残高について、IMF の CPIS（Coordinated Portfolio Investment Survey）のデータによって、2006 年末での上位 20 地域を示したものである。ただし、右列は次の表 3-3 と比較するため、2001 年末の残高からの伸びを表している。上位は、イギリス、日本、フランス、カナダ、スイス、ドイツの順である。それ以外でも、先進国とオフショア市場がほとんどである。つまり、先進国とオフショア市場が、残高では圧倒的な大きさを持っていることがわかる。

　ところが、表 3-3 で、2001 年末の残高から 2006 年末の残高の伸びが大きい順に 20 地域を並べると、全く異なる傾向がみてとれる（右列は、表 3-2 と比較するため、2006 年末の残高そのものを示したものである）。上位を占めているのは、ほとんどが途上国であり、投資残高は大きくない。たとえば、最大の中国で 739 億ドルである。表 3-2 の残高では中国は 18 位である。このことか

第3章　アメリカの対外証券投資の始動と展開

ら、アメリカの対外株式投資は、残高としては先進国とオフショアセンターが大きいが、2001年から2006年の伸びとしては、途上国が大きいという二つの特徴を持っていることが明らかである。つまり、アメリカの国際資金フローは、1990年代の後半ないし2000年代に顕著であった途上国の経済発展に対して、株式投資の伸びという形で対応してきたのである。

では、アメリカからのこうした地域別の株式投資は、投資先の国々の直接投資の受け入れ状況やGDP成長率とどの程度相関があるのであろうか。以下、アメリカからの対外株式投資の伸び、世界からの各国の直接投資の受け入れの伸び、アメリカからの各国の直接投資の受け入れの伸び、各国のGDP成長率について、順位相関を検証する。

最初に、こうした途上国へのアメリカからの株式投資の伸びは、世界からの直接投資の受け入れと関係していたのかどうかを検討しよう。具体的には、2006年末のアメリカの対外株式投資残高（ドル建て）を2001年末残高（ドル建て）で除した比率（A）と、直接投資の受け入れ残高（ドル建て）について、2006年末を2001年末で除した比率（B）の順位相関を検出する。直接投資の残高については、UNCTADのデータを利用している[22]。ただし、CPISとUNCTADの両方でデータが入手可能な77ヵ国・地域の中には、外国からの証券投資に対して資本流入規制を設けている小国も多く存在する。つまり、直接投資までは受け入れても、株式投資を規制しているため、比較するうえで歪みが生じてしまう。そこで、データの（B）すなわち、アメリカからの株式投資残高が、2006年末で1億ドルに達していない国は、除外した。また、ケイマン諸島とバミューダは、オフショア市場としての属性のみが著しく強いので、やはりデータから除外した。残りの55ヵ国について、(A)と(B)、および、(A)の中での順位、(B)の中での順位を示したのが、表3-4である。右二列の順位について、スピアマンの順位相関を調べたところ、t値が2.54となり、両側検定5%で有意となった[23]。なお、t値と相関係数は以下である。

表 3-2　アメリカの対外株式投資残高（2006 年末、上位 20 地域）

国名	2006 年末株式　投資残高 （単位：100 万ドル）	株式投資の 2006 年末残高 ／2001 年末残高
イギリス	673,978	1.93
日本	543,506	3.18
フランス	306,861	2.73
カナダ	298,137	3.33
スイス	262,620	3.47
ドイツ	220,397	3.05
バーミューダ	191,853	1.61
オランダ	161,493	1.43
ケイマン諸島	160,555	4.49
韓国	114,155	3.86
オーストラリア	101,990	2.75
イタリア	92,733	2.75
ブラジル	92,045	4.22
香港	85,833	2.85
スペイン	85,600	n.a.
メキシコ	84,620	3.22
台湾	74,228	3.79
中国	73,912	31.19
スウェーデン	59,433	2.45
オランダ領アンティル	56,368	3.88

出所：IMF の CPIS のデータより作成。

$$t = \rho \times \sqrt{\frac{n-2}{1-\rho^2}}$$

ここで、ρ は相関係数で、$\rho = 1 - \dfrac{6 \times \sum d_t^2}{n^3 - n}$、$d$ は（A）列と（B）列の順位の差、n はデータ数である。

第3章 アメリカの対外証券投資の始動と展開

表3-3 アメリカの対外株式投資残高の伸び（2001年と2006年の比、上位20地域）

国名	株式投資の2006年末残高／2001年末残高	2006年末株式 投資残高（単位：100万ドル）
カザフスタン	476.50	953
ルーマニア	124.00	372
ウクライナ	117.50	235
中国	31.19	73,912
オーストリア	15.07	18,144
エジプト	12.87	4,377
キプロス	12.31	726
モロッコ	9.11	337
パキスタン	9.07	780
ロシア	8.73	40,291
モーリシャス	8.72	619
パプアニューギニア	8.37	1,298
インド	6.95	47,932
チェコ	6.86	3,045
ルクセンブルグ	6.61	15,590
ポーランド	6.17	7,384
リベリア	6.07	4,253
タイ	5.77	11,054
ギリシャ	5.14	14,448
トルコ	4.93	11,180

出所：IMFのCPISのデータより作成。

　ここまでの議論では、直接投資の受け入れ残高（伸び）とアメリカからの株式投資の残高（伸び）の相関であるが、その媒介として経済成長を前提していた。そこで、IMFのIFSのデータから、2001年から2006年までの各国の実質GDP成長率をすべて拾い、その平均値をアメリカからの株式投資残高の伸びと比較して、これまでと同じように順位相関を検定した。ただし、2006年の実質成長率のデータが存在しない国の場合には、2005年までの平均成長率であり、また、2005年のデータも存在しない国の場合は、データから除外し

表3-4 直接投資受け入れ残高の伸びとアメリカからの株式投資残高の伸び(2001年と2006年の比)

国名	株式投資の2006年末残高／2001年末残高…(A)	直接投資の2006年末残高／2001年末残高…(B)	(A)の順位	(B)の順位
アルゼンチン	2.48	0.76	43	55
オーストラリア	2.75	2.48	41	21
オーストリア	15.07	3.25	5	7
バハマ	0.92	2.14	54	30
ブラジル	4.22	1.81	24	36
カナダ	3.33	1.76	31	39
チリ	2.32	1.94	46	34
中国	31.19	1.44	4	49
コロンビア	4.88	2.94	21	13
キプロス	12.31	3.64	7	5
チェコ	6.86	2.95	14	12
デンマーク	2.82	1.77	38	37
エジプト	12.87	1.90	6	35
フィンランド	1.09	2.93	53	14
フランス	2.73	2.88	42	17
ドイツ	3.05	2.17	35	28
ガーナ	0.01	1.57	55	46
ギリシャ	5.14	2.96	19	11
香港	2.85	1.70	37	42
ハンガリー	4.48	2.92	23	15
インド	6.95	3.60	13	6
アイルランド	1.69	1.17	50	54
イスラエル	1.95	2.34	48	25
イタリア	2.75	2.72	40	19
日本	3.18	2.14	34	31
カザフスタン	476.50	2.85	1	18
韓国	3.86	2.18	28	27
リベリア	6.07	1.20	17	52
ルクセンブルク	6.61	2.13	15	32
マレーシア	4.18	1.58	25	45
モーリシャス	8.72	1.38	11	50

第 3 章　アメリカの対外証券投資の始動と展開

メキシコ	3.22	1.69	32	43
モロッコ	9.11	2.57	8	20
オランダ	1.43	1.95	52	33
オランダ領アンティル	3.88	1.38	27	51
ニュージーランド	2.33	2.89	45	16
ノルウェー	4.06	3.10	26	8
パキスタン	9.07	2.47	9	23
パナマ	2.86	1.74	36	40
パプア・ニューギニア	8.37	1.76	12	38
ペルー	2.05	1.73	47	41
フィリピン	4.50	1.63	22	44
ポーランド	6.17	3.05	16	9
ポルトガル	1.57	2.46	51	24
ルーマニア	124.00	5.45	2	1
ロシア	8.73	5.02	10	2
スウェーデン	2.45	2.47	44	22
スイス	3.47	3.03	30	10
台湾	3.79	1.45	29	47
タイ	5.77	2.32	18	26
トルコ	4.93	4.68	20	4
ウクライナ	117.50	4.82	3	3
イギリス	1.93	2.15	49	29
ベネズエラ	2.79	1.17	39	53
ザンビア	3.20	1.44	33	48

出所：IMF の CPIS、および、UNCTAD のデータより作成。

ている(そのため、国のリストは表 3-4 と同一ではなく、49 ヵ国である。表 3-5)。その結果、為替レートの調整なしで t 値が 3.96 であり 1% 有意であった。このように、実質経済成長率とアメリカからの株式投資にも、相関があることが明らかである。直接投資の受け入れが、途上国の経済成長をもたらし、その結果、アメリカからそれらの国々への株式投資が展開している相関が確認できた。ちなみに、アメリカだけからの地域別対外直接投資残高[24]の同期間における伸びの順位をこれまで検討したのと同じ 55 ヵ国について作成し、同様にアメリカからの地域別株式投資の伸びの順位との相関をスピアマンの順位相関で検定したところ、t 値は 1.75 となり 5% レベルでは、有意な相関は認められなかった。

　このことは、先ほどの欧州での直接投資の動向と重ね合わせると、以下のような興味深い傾向を明らかにしている。すなわち、たしかに欧州内では域内での直接投資とそれによる貿易依存度の深化がみられるが、アメリカからの対外株式投資は、そうした地域内での直接投資の深まりとは別に、幅広く世界中での直接投資の流れに乗っている、ということである。実際、2001 年から 2006 年のアメリカからの株式投資の伸びを示した先の表 3-4 をみると、上位 15 地域の中にチェコ、キプロス、ルーマニア、ウクライナといった、2004 年以降にユーロや WTO に加盟した国々が入っているのである。

　もちろん、アメリカの対外証券投資の増大は、直接投資のみが原因ではない。たとえば、マン＝ミード(Mann, Catherine L. and Ellen E. Meade, 2002)は、金融の規制緩和とグローバル化によって、各国の資本市場における取引コストが 2000 年代には一層低下すると予想されるため、低コストゆえに国内株への投資に偏重していたアメリカの投資家は、今後、外国への投資を活発化させるであろうと予想した。同時に、マンとミードは、欧州統合の結果、欧州域内の為替リスクの低下や取引所間の連携などによって、欧州の投資家にとっても取引コストが低下して投資余力が増すと予想され、欧州の投資家もホーム・バイアスを低下させて対米投資を活発化させるであろうと、双方向の株式投資の増大を予見していた。つまり、アメリカの金融・資本市場は、その規模・流動性の巨大さゆえに、取引コストが極めて低く、デリバティブや証券化の高度な手法

第 3 章　アメリカの対外証券投資の始動と展開

もあいまって、アメリカの投資家の高いホーム・バイアスをもたらしていたが、金融規制緩和・グローバル化が、アメリカからの対外株式投資を促進する、と主張していたのである。

　実際、1990 年代の後半から徐々に進んでいたアメリカからの対外投資は、2000 年代に入ると一段と促進され、とりわけ、株式投資の実額としては市場規模の大きな先進国に、伸びとしては、経済成長率が高い途上国へと展開したことを本章ではすでに明らかにした。

　また、アメリカの対外証券投資の増大は、アメリカへの資本流入によって促進された側面もある。2000 年代の中頃に顕著であるが、アメリカへの大量の資本流入は、アメリカの産業・企業の資金調達を容易ならしめ、株価を以前よりも高めに維持し、長期金利を以前よりも低位に安定させた。その結果、1990 年代以降、アメリカの個人消費は堅調で、アメリカの成長率は高く、企業収益は好調であった。好景気を謳歌するアメリカへの輸出で、多くの国が輸出主導型成長を遂げた。その結果としての途上国特に BRICs の株価の上昇に対して、アメリカからさらに対外投資が継続したのである。

第 3 節　アメリカの対外証券投資はなぜ安定的なのか

　途上国への直接投資が起爆剤となって、投資を受け入れた国の経済成長が加速し、貿易関係が変化するとともに、直接投資以外の金融収支項目において、途上国への資本の流入が増大している場合もある。その理由の第一としては、金融機関特に銀行が、外国に支店を設置してリテール業務などを展開していることがあげられる。ラテン・アメリカにおける外資系銀行の行動、および、その関連で生じる銀行間の国際的な貸借については、伊鹿倉正司（2005）が詳細に分析している。とりわけ、外資系銀行の経営の効率性を地場のそれと比較して、規模の経済が働いていることを明らかにしている。また、ハイス＝ロッセル（Haiss, Peter R. and Petra Roessel, 2008）は、金融部門の途上国への直接投

表 3-5　経済成長率とアメリカからの株式投資残高の伸び（2001 年と 2006 年の比）

国名	株式投資の 2006 年末残高／2001 年末残高…（A）	2001 年からの実質 GDP 成長率…（B）	（A）の順位	（B）の順位
アルゼンチン	2.48	3.37	38	28
オーストラリア	2.75	3.24	36	30
オーストリア	15.07	1.93	4	39
バハマ	0.92	1.77	49	40
ブラジル	4.22	2.99	22	31
カナダ	3.33	2.59	27	35
チリ	2.32	4.28	41	19
中国	31.19	10.25	3	2
コロンビア	4.88	4.14	19	22
キプロス	12.31	3.36	6	29
チェコ	6.86	4.26	13	20
デンマーク	2.82	1.62	34	45
エジプト	12.87	4.22	5	21
フィンランド	1.09	2.93	48	33
フランス	2.73	1.75	37	41
ドイツ	3.05	1.12	31	47
ギリシャ	5.14	4.44	17	18
香港	2.85	4.65	33	16
ハンガリー	4.48	3.87	21	23
インド	6.95	7.45	12	3
アイルランド	1.69	5.00	45	13
イスラエル	1.95	2.68	43	34
イタリア	2.75	1.09	35	48
日本	3.18	1.43	30	46
カザフスタン	476.50	10.43	1	1
韓国	3.86	4.61	25	17
ルクセンブルク	6.61	3.83	14	24
マレーシア	4.18	4.94	23	14
モーリシャス	8.72	3.52	10	27
メキシコ	3.22	2.42	28	37
モロッコ	9.11	5.45	7	7

第3章 アメリカの対外証券投資の始動と展開

オランダ	1.43	1.67	47	44
ニュージーランド	2.33	3.58	40	26
ノルウェー	4.06	2.23	24	38
パキスタン	9.07	5.21	8	8
パナマ	2.86	5.04	32	12
パプア・ニューギニア	8.37	1.69	11	43
ペルー	2.05	4.85	42	15
フィリピン	4.50	6.51	20	5
ポーランド	6.17	3.62	15	25
ポルトガル	1.57	0.92	46	49
ルーマニア	124.00	6.06	2	6
ロシア	8.73	6.57	9	4
スウェーデン	2.45	2.96	39	32
スイス	3.47	1.70	26	42
タイ	5.77	5.12	16	9
トルコ	4.93	5.06	18	10
イギリス	1.93	2.55	44	36
ザンビア	3.20	5.05	29	11

注：(A) はアメリカからの株式投資の2006年末残高／2001年末残高、(B) は2001から2006年の実質成長率（平均）。
出所：IMFのCPIS、および、IMFのelibraryのデータ（IFS）より作成。

資が、後述するシグナル効果を引き起して、非金融部門の直接投資や証券投資を誘発し、経済成長に寄与することを指摘している。このように、金融機関の直接投資と金融収支の他の項目には密接な関係がみられる。

直接投資と株式投資の因果関係については、すでに示したが、若干捕捉しよう。最初の問題は、アメリカからの国際的な株式投資が、1990年代以降に増加した理由は何かである。たとえば、ドイツと他の国々の関係について回帰分析を行ったサンティス＝エーリング（Santis, Roberto A. De and Paul Ehling, 2007）は、次のように述べている。「株式投資を決定づける最も重要な要因は、株式市場である。第一に、トービンのqは、FDIのストックの成長率を変動さ

せる要因として、重要である。第二に、自国株式市場の収益率に対する相対的な外国株式の収益率が、証券投資残高の成長率を変動させる要因として重要である。何よりも重要なことは、直接投資を通して、外国の経済ファンダメンタルズの情報が得られているということである。言い換えれば、FDI ストックの成長率が、現今の証券投資ストックの成長率に影響しているのである。……逆に、過去の FDI 増加率は、証券投資取引の説明要因としては、それほど影響していない。我々の知る限りでは、我々のこの観測結果は、以下の初めての明瞭な証拠である―すなわち、国際証券投資を行う投資家が追随しているのは、企業の海外投資の判断についての期待である、ということについての」(Ibid, 2007, p.26)。

　彼らの分析は、主にドイツと他の先進国との資本流出入に関するものであるが、ここで言われていることは、証券投資を行う投資家にとっては、企業が直接投資をしていることによって、受け入れ国のファンダメンタルズに関する情報などが入手しやすくなり、株式投資などが容易になる、ということである。その際、投資家にとって、自国の株式市場の収益率と比較して、外国の株式の収益率が高いことが、前提になっているのである。また、アメリカの対外株式投資に関する要因分析を行った、エディソン＝ウォーノック (Edison Hali, J. and Francis E. Warnock, 2003, p.17) は、ラテン・アメリカとアジアの新興工業国への投資を 1994 年と 1997 年で比較して次のような結論を得ている。すなわち、アメリカの投資家が投資先として選好しているのは、規模が大きく、その国の外資保有制限が少なく、アメリカ証券取引所に上場している企業であり、特に、アメリカ証券取引所への上場の有無は、要因として驚くほど大きい、と。つまり、情報の非対称性が重要な役割を演じているのである。アメリカ証券市場への上場とは、ADR（預託証券）などの方法で、アメリカの証券取引所に上場されているという意味である。ADR で上場される場合、アメリカの投資家保護規制などを受けるため、投資家にとっては投資対象として魅力が著しく増す、と彼らは説明している。すなわち、アメリカ固有の投資家保護規制――会計基準、ディスクロージャー、証券法などを広範囲に含むものと定義できる――

第 3 章　アメリカの対外証券投資の始動と展開

による効果である（Ibid. 2003, pp.17）。ここでも、国際的な株式投資においては、投資対象国の経済ファンダメンタルズや企業に関する情報が得られるかどうかが、投資の決定を左右していることがうかがえる。他の先行研究——たとえば、先述のハイスとロッセル（2008）——でも、直接投資がシグナル効果やスピルオーバー効果を持っていることが示されている。シグナル効果とは、たとえば大銀行が途上国に支店を開設すれば、そのこと自体が投資先の評価を高め投資家に安心感を与えるという効果であり、スピルオーバー効果とは、一種の外部経済のことであり、先進国から途上国に直接投資が起れば、技術が移転するなどの結果、受け入れ国の他の産業にも生産性の向上などが伝播することである。こうした効果の結果、受け入れ国の経済発展や株式の高配当などが期待される。その情報が、投資家に証券投資を決断させるうえで、大きく影響している、という図式がうかがえる。

　以上から、1980 年代以降の日米欧の先進国から途上国への直接投資の拡大は、それらの国々への証券投資、特に株式投資を拡大させる要因であったといえよう。直接投資の途上国への展開は、それらの国々の貿易を拡大しながら経済成長を加速させ、投資対象としての株式の魅力を増した。また、直接投資の受け入れに前後しての様々な規制緩和も、それらの国々への株式投資の誘因となったのである。アメリカが 1990 年代に入って国際的な株式投資を展開するにいたった理由は、以上である。

　では、アメリカの国際的な株式投資は、アメリカの国際資金フローとどのように関係してきたのであろうか。結論からいえば、アメリカの国際的な株式投資は、アメリカの国際資金フローの諸問題を軽減することに寄与してきた、といえる。なぜなら、第一に、アメリカの対外負債に較べてアメリカの対外資産は、後に述べるように、その収益率が高く、所得収支の黒字を通してアメリカの対外資産・負債ポジションの悪化を緩和してきた。その収益率の高さは、すでに示したように、直接投資の受け入れが大きい国の成長率の高さによるものである。第二に、投資金額の変化も少なく、安定して投資先の国の収益を受け取ることに成功している。第三に、アメリカの株式投資は、特定の地域に偏る

ことなく、比較的まんべんなく各地域に投資されており、地理的な危機や混乱によるダメージを受けにくい構図になっている。

以上の三つの理由を補足しよう。アメリカの資本収支の各項目における収益率を比較したマン（Mann, 2009, pp.40-41）によると、アメリカの対外直接投資は、アメリカへの対内直接投資よりも、1980年以降、一貫して収益率が高い。その結果、1990年以降のアメリカの所得収支全体としては、一貫して黒字である。このように、アメリカの対外資産からの所得の受取りは、対外負債への所得の支払いよりも総じて大きいのである。

次に、アメリカへの債券投資とアメリカからの対外株式投資の安定度を図3-7で比較してみよう。アメリカへの債券投資は、社債、政府機関債、財務省証券（ただし、短期の財務省証券すなわちTreasury billを除く）の合計であり、外国の公的当局の購入分を含まないデータである。2007年の第2四半期までをみると、2000年ぐらいまでは、アメリカからの株式投資の変動が大きいが、その後はアメリカへの債券投資の変化が大きく、アメリカからの株式投資は比較的安定している。

2000年の始めから2007年の第2四半期までの標準偏差をみると、アメリカへの債券投資は441億8000万ドルであるのに対して、アメリカからの株式投資のそれは184億8000万ドルである（ここでの標準偏差はGDP比ではなく、単に二つの系列を比較するためだけのものである）。アメリカからの株式投資は、アメリカへの債券投資に較べて、極めて安定的な金額で推移しているといえよう。また2000年代中頃のアメリカの住宅バブルの一つの原因が、低金利の異常な継続であり、その要因の中に外国からのアメリカへの債券投資があるといわれている。[25] もし、アメリカの対外株式投資に相当する額が、アメリカ国内への投資に向かっていたならば、アメリカの長期金利への低下圧力はさらに高まり、住宅バブルを一層悪化させた可能性がある。アメリカの対外株式投資は、このような意味でも、2000年代の外国からアメリカへの行き過ぎた債券投資の影響を緩和していたといえよう。

最後に、アメリカの株式投資の地域的な偏りを検討しよう。国際的な株式

第 3 章　アメリカの対外証券投資の始動と展開

図 3-7　アメリカの対外株式投資とアメリカへの債券投資（1998 第 1 四半期〜 2013 年第 4 四半期）

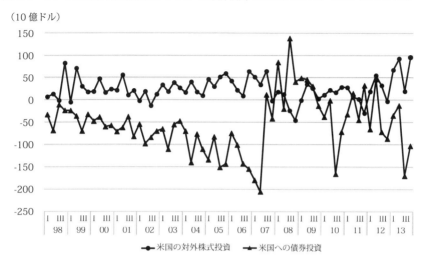

注：アメリカへの債券投資は、社債、政府機関債、および、Treasury bill 以外の財務省証券で、公的通貨当局保有分を含まない。
出所：US., Bureau of Economic Analysis のデータより作成。

　投資を国別に詳細な内訳を出しているのは、IMF の CPIS である。金融危機前の 2006 年末の対外株式投資残高を使って、データのばらつき具合をみてみよう。表 3-6 は、投資元であるそれぞれの国の国際的な株式投資残高（地域別）の変動係数を比較したものである。アメリカの変動係数が、先進 7 ヵ国の中で、最も低いことがわかる。また、CPIS の表中 73 ヵ国のうち、アメリカよりも低い変動係数を示しているのは、ニュージーランド、バヌアツ、ウクライナなど特定の少数地域に投資している国ばかりである（ただし、シンガポールは、世界中の国々にまんべんなく投資を展開している）。

　以上から、アメリカの国際的な株式投資は、2006 年末までは投資先の偏りが極めて小さいといえよう。逆に、変動係数が 7 ヵ国中で一番高いカナダと二番目の日本、三番目のドイツの場合、最大かつ突出した投資先は、オフショア市場を除いて、アメリカである。

表 3-6　先進 7 ヵ国の国際的な株式投資残高の偏り
（2006 年末投資先に対する株式保有額の変動係数）

米国	日本	ドイツ	フランス	イギリス	カナダ	イタリア
2.394	6.961	7.169	2.696	4.810	7.804	6.268

出所：IMF の CPIS より作成。

第 4 節　結論

　1980 年代以降の先進各国からの直接投資は、1990 年代以降のアメリカにおける対外株式投資の興隆を生み出す原因となった。たしかに、欧州では地域内での経済依存度が高まったが、アメリカの対外株式投資はそうした地域性を越えて、世界中から幅広く経済成長と企業収益の果実を吸い取る役割を果たした。アメリカの対外株式投資と直接投資の受け入れについての順位相関が優位であることによって、この点は証明された。
　次に、アメリカの対外株式投資は、2007 年以前の段階では、国際資金フローの構造を安定化していたといえる。すなわち、アメリカの国際的な株式投資は、① 収益率が高く、②投資額の変化も少なく、③投資先が分散している、という特徴ゆえに、所得収支の黒字を維持し、さらに、2000 年代中頃のアメリカへの行き過ぎた資本流入による金利低下圧力をある程度減殺する効果を持っていた。たしかに、株式投資が急激な増減をみせることは、債券投資に比較すると少ない。とりわけ、直接投資に追随した株式投資においては、大口の投資家が、長期的に株式を保有する傾向もある。[26]
　以上、本章までは、1980 年代から 2007 年以前までのアメリカの国際資金フローの構造を説明した。レーガノミックスによって始まったアメリカへの大規模な資本流入は、当初は直接投資を主体としたものであったが、次第に金利差と公的準備形成による債券投資へと変化していった。また、対外投資では、1980 年代にはやはり直接投資が大きかったが、1990 年代以降には株式投資

が大きな伸びをみせている。こうした構造は、2007年までは、いわばポジティブ・フィードバックと呼べる経済成長の循環を形成したため、一見、安定的な様相を呈していた。とりわけ2000年に入ってからは、この循環はさらに顕著になった。すなわち、アメリカへの資本流入がアメリカの株価上昇と長期金利の低下に寄与し、アメリカの好況と住宅バブルをもたらした。その結果、アメリカへの輸出に依存した途上国は高成長を達成して、獲得したドルを外貨準備や民間投資の形態で、アメリカに再び投資することにつながった。こうした循環が続くことは、すなわち、アメリカを中心とした国際資金フローが維持されてきたと言い換えることができる。

　しかし、こうした構造は、同時に、いくつかの問題もかかえており、2007年以降の状況は、そうした問題点を浮き彫りにした。第一に、公的国際通貨としてのドルの機能は、各国のアメリカへの貿易依存度に多分に左右される。第Ⅱ節で明らかになったように、2007年以前から欧州とアジアでは、域内貿易依存度の上昇が起こっていた。アメリカ経済の苦境が長引くことは、各国の対米貿易依存度の低下を長期的にもたらす可能性を持っている。第二に、財務省証券を除いて、逃げ足の速い債券投資に依存した資本流入は、上記の循環が途切れたときには、急速な収縮のプロセスを引き起こしかねないものであった。第三に、民間部門からのアメリカへの債券投資の要因であった金利差が、2007年以降、大きく変化している。アメリカの低金利が続いた間、アメリカからの対外投資は一層拡大し、為替レートに強い影響を及ぼしてきた。今後は、アメリカで金利の上昇基調が強まれば、様々な影響を及ぼすだろう。

　では、2007年以降の状況は、こうした問題点をどのように発現させ、アメリカの国際資金フローの構造をどのように変化させつつあるのであろうか。次章と第5章では、こうした課題にアプローチするための理論的な整理と実証を行う。

第4章　アメリカの対外負債の持続可能性と国際資金フロー

第1節　問題の設定
　　　―経常収支赤字と対外負債残高の何が問題なのか

　1980年代前半に、FRBによる金融引締めとレーガノミックス、特にドル高に対応して、アメリカからの直接投資が、最初はカナダやラテン・アメリカ諸国に対して活発化した。さらに、1985年にはドルを減価させるための協調介入が行われた（プラザ合意）。これらはいずれも、産業・企業の競争力低下へのアメリカ企業と政府による対応策であった。また、日本と欧州の企業も、プラザ合意によるドル安、そして、中東欧での社会主義の崩壊などによって、途上国への直接投資を梃子に、国際競争力の維持・向上を図らざるをえなくなった。こうした日米欧における経済のグローバル化は、途上国の外資主導・輸出主導型の経済発展をもたらすとともに、先進国における産業の空洞化を引き起した。特にアメリカにおいては、製造業のオフショアリングが徹底して進むとともに、消費大国として貿易収支・経常収支が大幅な赤字となっていった。その結果、アメリカの経常収支赤字は常態化してゆき、アメリカの対外負債残高は巨大化しつづけてきた。
　そうした状況を受けて、アメリカの経常収支赤字や対外負債残高が、ドル危

機を引き起こしたり、為替レートや金利に何らかの影響を及ぼしたりするのではないかとの懸念が湧き起こった。特にアメリカの場合、経常収支赤字と対外負債残高が、他の国のそれよりも巨額で長期間にわたって続いており、こうした懸念が一層強く持たれることとなった。

　アメリカの経常収支赤字に関する議論の中で代表的なものが、経常収支赤字の持続可能性に関する論争である。嚆矢となったのは、マン（Mann, Catherine L.,1999）である。その論争については、マン（Mann, Catherine L., 2009）や鳥谷一生（2010）や竹中政治（2009、2010/a、2012）などが紹介している。

　マン（Mann, 1999）などによる問題提起は、経常収支赤字に関するものが引きがねの一つになっているが、その内容には対外負債残高の問題が当初から含まれていた。たとえば、マン（Mann, 1999）は、次のように述べている。「アメリカの観点からすれば、金融上の持続可能性（financial sustainability）とは、これまでの負債に対する支払いを履行するコストと能力（および意志）のことである。すなわち、一方でアメリカの対外負債の規模と構成を、他方でアメリカの対外資産を前提にすれば、アメリカの資源に対する継続的なネットでの外国保有の債権が、どれほどあるのかということである。ひとたびその債権が『大きくなりすぎ』れば、アメリカの支払い能力と意志に疑念が抱かれ、国際的な資金はアメリカの経常収支赤字をファイナンスするために流入しなくなるであろう。その時点で、アメリカの経常収支赤字は、定義上、金融的に持続不可能な状態といえる」（Mann, 2009, p.35）。この引用文では、いわば実体経済の部分である経常収支赤字の問題と、マネタリーな部分である国際資金フローおよび対外資産・負債残高の問題とが、混在して説明されていることがわかる。さらに、フローのレベルとストックのレベルの視点も併せて提示されていて、包括的である反面、どこに真の問題があるのかが、必ずしも明確ではない。

　他の先行研究でも、経常収支に注目するのか金融収支など金融部分に注目するのか、フローに焦点を当てているのか、それともストック部分に着目しているのかは、それぞれ異なっている。先駆的な問題提起は、クルーグマン（Krugman, Paul R., 1985）であり、プラザ合意直前のドル高が持続可能かどうかについて

検討し、対外負債の雪だるま式の増加問題が定式化され俎上に乗せられている。ブラウン（Brown, Brendan, 2006）は、そうした定式化による分析をさらに徹底したものであり、その内容としては、経常収支赤字と利子配当の収支が、対外負債の量にどう作用するかに焦点が当てられている。日本における先駆的な分析として、岩本武和（2007）は、キャピタルゲインと評価効果に着目して対外負債問題にアプローチしている。奥田宏司（2009）は、アメリカ中心の国際マネーフローに注目し、アメリカへの資本流入がドル体制の安定条件として作用する条件を明らかにしている。松林洋一（2010）は、対外不均衡の問題を詳細に実証分析している。とりわけ、経常収支と資本収支（今日でいうところの金融収支）の相互関係について、詳細な分析を行っている。竹中政治（2012）は、アメリカの対外負債問題を様々な視角から包括的に解明しており、とりわけ、対外負債の動向について、将来の20年間についてシミュレーションを行っている。柴本昌彦（2014）は、世界金融危機後のグローバル・マネーフローにおけるスピルオーバーについて詳しく検討している。

　このように、先行研究の分析視角は、着目する問題領域に様々な温度差があり、いまだ議論が整理されつくしたとは言えないようである。とりわけ、アメリカの対外負債が雪だるま式に拡大し続ける性質を持つのかどうか、そして、対外負債が問題化する条件とはどのようなものなのかについては、いまだ議論の決着をみていない。さらに、サブプライム・ローン危機以後の状況を踏まえての包括的な分析は緒についた段階といえよう。

　さて、サブプライム・ローン危機と世界金融危機の後、アメリカの経常収支赤字はそれ以前に比べて減少し、こうした議論はややトーンダウンした感もある。しかし、アメリカの危機からの回復と量的緩和政策からの出口戦略としての金利上昇は、アメリカの経常収支赤字を再び増加させている。その意味で、アメリカの経常収支赤字と対外負債残高の持続可能性如何は、2007年以前の状態に戻りつつあるのであろうか。それとも、新しい段階に入りつつあるのであろうか。あるいは、こうした問題はすでに過去のものとなり、解消ないし休止したといえるのであろうか。これらも、いまだ未解明の議論といえるであろう。

本章の目的は、こうした問題意識と先行研究の整理のもとで、金融危機の長期継続ないし危機からの回復過程にあるアメリカにおいて、経常収支赤字と対外負債の持続可能性をめぐる理論が、どのように展望され整理されうるのかを再検討し、さらに、その検討を通して当該問題のどこに着目すれば良いのかについて、一定の視角を提示することである。

第2節　アメリカの対外負債の発散と収束

　論点を整理するため、先行研究の諸議論を参考にして、問題の構造を示せば、図4-1のようになる。この整理の仕方では、アメリカの対外負債問題の深刻化において、経常収支赤字そのものが原因である場合と、経常収支に問題なくとも資本の流入に原因がある場合の二つに、問題の領域を分けている[27]。すなわち、①経常収支赤字、ないし、経常収支赤字や対外リターン率の結果として対外負債残高が雪だるま式に巨大化してゆき、その結果、ドルのレートや金利などに何らかの影響が起る可能性―図のa)、②資本流入が経常収支赤字を埋め合わせる額に達しない可能性―b-i)、あるいは、対米資産の保有が急激に忌避される可能性―b-ii)、である。

　このa)、b-i)、b-ii)は、相互に関連しているものの、それぞれ別個の問題としても整理しうる。たとえば、アメリカの経常収支赤字に見合う資本の流入があったとしても―つまり、b-i)が問題ない状態でアメリカへの資本流入がこれまで通り続いているとしても―、経常収支が赤字であること自体が対外負債残高の純増を意味しているのだから―つまりa)の問題は続くのだから―、ドルのレートやアメリカの金利にいずれ影響が及ぶ可能性がある。同様に、たとえばアメリカの経常収支の赤字が解消して均衡しても―つまりa)の問題がなくても―、何らかの理由で在米資産を大量に売却する動きが出れば―つまり、b-ii)の問題が起れば―、アメリカの対外負債問題は深刻な段階に至っている可能性がある。

第4章　アメリカの対外負債の持続可能性と国際資金フロー

図4-1　アメリカの経常収支赤字と対外負債残高に関する論点の整理

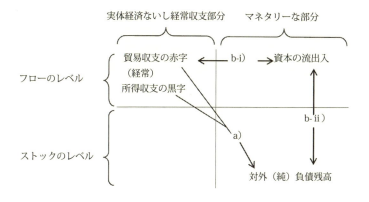

注：矢印は、因果関係、ないし、金額が見合うかどうかを表す。
出所：筆者作成。

　ここでは、前節で提示した問題①を検討する。最初に、筆者の拠って立つ論点を説明しておこう。以下、経常収支赤字や対外負債残高が雪ダルマ式に歯止めなく増えることを発散、そうではなくて、有限の一定の額に収斂していくことを収束と表現する。(28)

　第一に、アメリカの経常収支赤字が、発散することはありえない。経常収支赤字の主たる原因である貿易収支赤字は、アメリカの巨額の輸入によるものであるが、輸入は消費や投資によって決定される。アメリカの輸入は、アメリカのGDP、消費、そして、投資によって上限があると捉えるべきである。

　第二に、だからといって経常収支赤字が何の問題もないということではない。経常収支赤字は、ネットで対外負債が純増することを意味している。経常収支赤字が恒常的に出続けることで、アメリカの対外負債残高は年々増加していく。対外負債残高が際限なく増え続けてゆけば、どこかの時点でアメリカ経済やドルに対する信認が揺らぎ、アメリカから資本が急激に流出するといった危機な

103

いし調整が起る可能性は否定できない。つまり、対外負債残高の発散は、危険な問題を孕んでいる。

　第三に、アメリカの対外負債残高の捉え方としては、グロスとネットの両方がありうる。たとえ対外負債残高と対外資産残高が均衡していたとしても、対外負債の保有者である非居住者がアメリカから資金を急激に引き揚げるなどの行動をとれば、為替レートや金利や金融市場に大きな影響を与える。しかし、対外負債残高が、雪だるま式にとどめどなく増え続けて、それに対する利払いなどが行き詰まるかどうかについては、ネットで把握することが必要である。たとえば、対外負債残高が対外資産残高よりも現時点で額が大きいとしても、対外負債に対する利子や配当や直接投資収益のリターン率が、対外資産に対するそれよりも十分小さければ、対外負債残高と対外資産残高の差は、次第に減少していく場合もありうる。[29]対外資産と負債を両方持っているアメリカの企業にたとえると、こうしたリターン率の差は、対外支払い能力を高めるものである。

　第四に、以上を踏まえて定式化すれば、対外資産残高は各前年の対外資産残高に対して当該リターン率を乗じた複利で増加していく。対外負債残高は、各前年の対外負債残高に対して当該リターン率を乗じた複利で増加するとともに、貿易・サービス収支と第二次所得収支の合計による赤字分が毎年純増する。

　では、アメリカの BEA（Bureau of Economic Analysis）のデータをもとに 2013 年以降の 10 年間のシミュレーションを行ってみよう。[30]実際には、対外資産と負債の残高は、金融収支レベルの様々な投資行動によってその金額が変動するものなので、今後の記述統計のデータとは異なる数値となる可能性は高い。しかし、特定の要因のみを抜き出し、他をコントロールした場合の一つの議論の道筋としてご理解いただきたい。

　2013 年の対外資産残高と負債残高は、それぞれ 23 兆 7100 億ドルと 29 兆 900 億ドルである（政府部門・外貨準備とデリバティブを含む）。仮に対外資産と負債のリターン率が、それぞれ 5％と 2.5％であると仮定すれば、[31]アメリカの対外資産と負債は表 4-1 のように推移する。ただし、貿易・サービス収

第 4 章　アメリカの対外負債の持続可能性と国際資金フロー

表 4-1　アメリカの対外資産・負債残高のシミュレーション（2013 ～ 20 年、年次）

（単位：兆ドル、倍）

	2013	2014	2015	2016	2017	2018	2019	2020	2021	2022	2023	2024
対外資産残高	23.71	24.90	26.14	27.45	28.82	30.26	31.77	33.36	35.03	36.78	38.62	40.55
対外負債残高	29.09	30.53	32.00	33.51	35.05	36.64	38.26	39.93	41.63	43.38	45.18	47.01
対外純負債残高	-5.38	-5.63	-5.86	-6.06	-6.23	-6.38	-6.49	-6.57	-6.60	-6.60	-6.56	-6.46
同上（GDP 増加率で修正）	-5.38	-5.47	-5.52	-5.55	-5.54	-5.50	-5.44	-5.34	-5.21	-5.06	-4.88	-4.67
※ GDP (2013=1)	1.00	1.03	1.06	1.09	1.13	1.16	1.19	1.23	1.27	1.30	1.34	1.38

注：対外資産と負債の各前年の残高に対して、過去 10 年間の平均リターン率を乗じたものが、第一次所得の受取りと支払いになって、対外資産・負債残高に今後加わると想定。また、対外負債残高については、第一次所得収支以外の経常収支部分（すなわち、貿易・サービス収支と第二次所得収支）の合計も、純増分として加わる。その金額としては、2004 年から 2013 年の貿易・サービス収支と第二次所得収支の合計の平均値を利用している。なお、為替レートの変動などによる評価損益による残高の変化については、想定が困難なため含まれていない。

出所：Bureau of Economic Analysis のデータより作成。

支と第二次所得収支の合計は、2004 年から 2013 年までの 10 年間の平均値である年 7083 億ドルを想定している。また、アメリカの GDP 成長率を年 3％と仮定して、その複利での成長倍率（表の最下行）で除した修正値（表の下から 2 行目）も併記している。このシミュレーションでは、2023 年の対外純負債残高は 6 兆 5600 億ドルであり、2013 年と比較するために GDP 増加倍率で除して修正した値では 4 兆 8800 億ドルとなり、2013 年の 5 兆 3800 億ドルよりも改善している。

　しかし、対外資産と負債に対する各リターン率が変われば、当然、結果は異なってくる。そこで、対外資産と負債のリターン率をそれぞれ 2％から 7％まで組み合わせたシミュレーションの結果は、表 4-2 である。これは、表 4-1 と同様の推計結果のうち、2023 年の対外純負債残高を上記と同じく 10 年間の GDP 増加倍率の 1.34 倍で除したものである。ただし、対外資産よりも対外負債のリターン率が高い場合は、過去 10 年間の実状から可能性が低いと仮定

表 4-2 アメリカの対外負債残高のシュミレーション（2023 年）

対外負債のリターン率（％）　　　　　　　　　　　　　　　　（単位：兆ドル、％）

対外負債のリターン率（％）	2%	3%	4%	5%	6%	7%
2%	-10.65	—	—	—	—	—
3%	-8.45	-11.42	—	—	—	—
4%	-6.04	-9.02	-12.26	—	—	—
5%	-3.42	-6.40	-9.63	-13.15	—	—
6%	-0.56	-3.54	-6.78	-10.30	-14.12	—
7%	2.55	-0.43	-3.67	-7.19	-11.01	-15.16

注：網掛けは、2013 年の対外純負債残高 5.38 兆ドルよりも改善されるケース。
　　GDP 成長率を年 3 パーセント（複利）と仮定。
出所：表 4-1 をもとに筆者作成。

表 4-3 アメリカの対外資産・負債に対するリター

	2003	2004	2005	2006	2007
所得の受取り (a)	326,698	420,590	543,982	693,089	844,033
対外資産残高 (b)	8,620,934	10,589,003	13,357,001	16,409,857	20,704,503
(a) /（前期の b）%	—	4.88	5.14	5.19	5.14
所得の支払い (c)	283,938	356,463	476,349	649,752	743,429
対外負債残高 (d)	10,913,947	12,952,395	15,214,866	18,218,331	21,983,996
(c) /（前期の d）%	—	3.27	3.68	4.27	4.08

注：所得収支には、雇用者報酬を含む。対外資産・負債残高には、政府部門・外貨準備、デリバティ
出所：Bureau of Economic Analysis のデータより作成。

し省略している。数値の一番上の行と一番左の列は、対外資産ないし負債の想定上のリターン率であり、灰色に着色した部分は、2013 年段階の純負債残高 5 兆 3800 億ドルよりも改善されている場合である。

　結果は、2008 年を起点として 20 年間について推計した竹中政治(2012、2 頁)と整合的である。対外資産のリターン率が対外負債のリターン率よりもおよそ

第4章　アメリカの対外負債の持続可能性と国際資金フロー

ン率の概算（2003〜2013年、年次）　　　　　　　　　　　　　　（単位：100万ドル、％）

	2008	2009	2010	2011	2012	2013
	823,707	614,379	684,915	759,727	762,885	780,120
	19,423,416	19,426,459	21,767,827	22,208,896	22,520,346	23,709,843
	3.98	3.16	3.53	3.49	3.44	3.46
	677,561	490,794	507,254	538,766	559,892	580,466
	23,418,718	22,054,085	24,279,615	26,663,893	27,098,591	29,092,840
	3.08	2.10	2.30	2.22	2.10	2.14

ブを含む。

　3％以上高ければ、アメリカの対外純負債ポジションは、2013年と比較して小さくなる。逆に、およそ3％以上の差が長期的に持続しないのであれば、アメリカの対外純負債残高はさらに拡大し続ける可能性がある。

　では、対外資産と負債の各リターン率は、どの程度であろうか。第一次所得収支と対外資産負債残高のデータを2003年から2013年まで突き合わせると、

図 4-2 アメリカの財・サービスの輸出入、および、経常収支（2000～13年、年次）

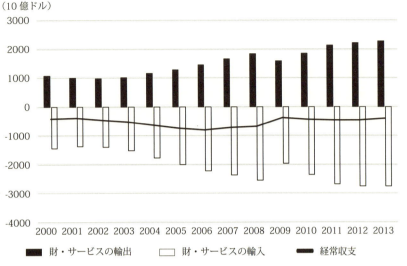

出所：U.S., Bureau of Economic Analysis のデータより作成。

表 4-3 のようになる。

　表 4-3 の「(a) /（前期の b）%」と「(c) /（前期の d）%」は、各前年の残高に対する第一次所得の受取りないし支払いの率を百分比で表したものである。これによれば、2004 年から 2013 年までの対外資産に対するリターン率の平均は 4.14%、対外負債に対するそれは 2.92% であり、その差は 1.22% にすぎない。つまり、アメリカの対外負債問題の分水嶺である 3% のリターン率格差は、この 10 年間、達成されてこなかったのである。

　もちろん、対外純負債残高が 2013 年の水準よりも大きくなるからといって、アメリカの金融危機やドル危機が必ず起るというわけでもない（詳しくは次節以降で検討する）。しかし、対外資産・負債に対するリターン率と貿易・サービス収支および第二次所得収支のみで考えてみれば、対外純負債残高は発散する可能性があるといえよう。

　次に経常収支については、図 4-2 に示したように 2006 年をピークにサブプ

第 4 章　アメリカの対外負債の持続可能性と国際資金フロー

図 4-3　アメリカの第一次所得収支（2000 ～ 13 年、年次）

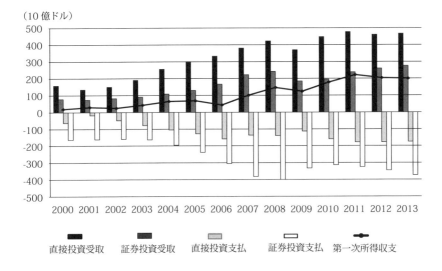

出所：U.S., Bureau of Economic Analysis のデータより作成。

ライム・ローン危機と世界金融危機を経て減少していたが、10 年以降はゆるやかに増加した。金融危機の当初に経常収支赤字が減少したのは、主に不況による耐久消費財などの売行きの減少によるものである。その後、金融危機が次第に和らぐにつれて、輸入が増加に転じたことが、経常収支赤字の増加の原因である。2013 年にやや減少をみせているものの、均衡ないし黒字化へのトレンドをたどっているとは断定できない。

　図 4-3 は、2000 年以降のアメリカの第一次所得収支における主要な項目を年次でたどったものである。2001 年の IT バブルの崩壊時に受取りも支払いもやや縮小しているが、それ以外ではサブプライム・ローン危機が始まるまで、受取りも支払いも増大しつつ、全体としては第一次所得収支の黒字が続いている。

　ただし、サブプライム・ローン危機直前の 2006 年頃は、金融引締めによるアメリカの金利の上昇とそれまでの対米資本流入の結果、支払いが増大して、

109

収支はやや黒字の減少をみせていた。2007年以降は、金融危機への対策としてアメリカの金利が急激に低下したことを受けて、外国への金利の支払いが減少した。そのことが第一次所得収支の黒字を増加させた一因である。

また、金融危機によるアメリカの景気低迷に対して、途上国などの企業収益が相対的に高かったことも、直接投資収益の受取りによる所得収支の増加につながったと思われる。いずれにしても、所得収支は確かに黒字が増加してきたが、経常収支を均衡させるほどの金額ではないといえるであろう。

第3節　アメリカへの資本流入と経常収支赤字および対外負債のバランス

前節では、アメリカの対外純負債残高が対GDP比で発散するかどうかを検討した。対外純負債残高が発散するならば、すなわち、雪だるま式に歯止めなく増大し続けるならば、いずれはアメリカへの資本流入はそれに見合わなくなるとともに、アメリカから資本が流出するといった、危機ないし調整が起る可能性がある。逆にいえば、対外純負債残高が発散しても、それに見合う資本の流入が続く間は、危機が発現しない。同様に、対外純負債残高が一定額で安定していても、資本の流入がそれに見合わないならば、為替レートや金利に影響が及びうる。つまり、対外純負債残高が発散するかどうかといったシミュレーションだけでは、実際にアメリカの対外資産・負債ポジションが孕む問題の全体像を説明できてはいない。そこで本節では、Ⅰ節で提起した問題②を検討することで、この残された課題にアプローチする。すなわち、アメリカへの資本流入が細っていく可能性、または、アメリカに流入していた資本が流出する可能性の検討が本節の目的である。以下、それらの可能性をいくつか検討しよう。

第一に、アメリカの財政問題は、アメリカへの資本流入にとって台風の目となりうる。アメリカの財政悪化と財務省証券の大量発行によって、債券の利子率が高騰して対外負債残高が発散したり、アメリカへの資本流入が不安定化したりする可能性はあるのであろうか。バータウトら（2008）およびマン（Mann,

第 4 章　アメリカの対外負債の持続可能性と国際資金フロー

2009）によるシナリオ分析でも、まさに、この財政悪化シナリオこそが、経常収支赤字と対外負債の持続を不可能にするケースだとして紹介されているのである。

　財務省証券は、非居住者の保有比率が高い。アメリカの連邦政府の債務残高（短期も含む）のうち、公的・私的両部門の非居住者が保有している比率は、2014 年 9 月末（連邦政府の会計年度末）で 34％のおよそ 6 兆 700 億ドルである（表 4-4）。仮に、今後平均して 1 年度に 1 兆ドルの財政赤字として、そのうち 35％が非居住者の保有になると予想すると、年当たり 3500 億ドルの連邦政府の対外負債が、財政赤字ゆえに新規に発生することになる。金利が 5％と仮定すれば、利払いの増加は年 175 億ドルである。金利が 10％では、利払いは年 350 億ドルの純増である。

　2007 年以降の金融危機によって、アメリカの財政は急速に悪化しており、財務省証券の大量発行ゆえに長期金利が上昇していくシナリオは、十分想定できる。また、財政悪化に対する懸念が、非居住者保有のアメリカ財務省証券の買い控えや売りを誘うことで、為替レートや金利に重大な影響を及ぼしたり、アメリカへの資本流入を減少させたりすることはありうる。アメリカの財務省証券は、非居住者の保有比率が高いので、その場合には、長期金利のみならずドルの為替レートにも大きな影響をもたらすであろう。

　第二に、アメリカの財務省証券を保有しているのは、表 4-4 で明らかなように、特定の国に集中している。非居住者保有比率 34％のうち、中国と日本で 13.9％に達する。中国と日本は対米貿易黒字を積み重ねてきた国々である。よって、アメリカへの資本流入ないし対米保有資産が安定的に推移するかどうかは、外貨準備としてのドルの運用という公的レベルでの問題が大きく影響する。今日までは、対ドルレートの安定を追求する政策上、外貨準備としてのドルを大幅に減少させる行動を各国は必ずしも採ってこなかった。その理由は、対ドルで自国通貨が値上がりすることが、国際競争力にとって好ましくないと判断されてきたからである。つまり、アメリカに対する生産関係や貿易依存度が高かった国であるゆえに、中国や日本やアジアの途上国などでは、ドルが基

表 4-4　アメリカの財務省証券の国別保有残高（2014 年 9 月末）

（単位：10 億ドル、%）

	残高	外国部門保有に占める%	連邦債務に対する%
中国	1,266.3	20.9	7.1
日本	1,221.8	20.1	6.8
ベルギー	353.9	5.8	2.0
カリブ・バンキングセンター	315.0	5.2	1.8
石油輸出国	279.4	4.6	1.6
ブラジル	262.3	4.3	1.5
スイス	186.2	3.1	1.0
台湾	173.4	2.9	1.0
イギリス	167.9	2.8	0.9
ルクセンブルグ	156.1	2.6	0.9
香港	159.0	2.6	0.9
アイルランド	110.6	1.8	0.6
ロシア	117.7	1.9	0.7
シンガポール	108.5	1.8	0.6
メキシコ	76.5	1.3	0.4
インド	80.0	1.3	0.4
ノルウェー	81.8	1.3	0.5
トルコ	74.7	1.2	0.4
ドイツ	75.0	1.2	0.4
カナダ	65.3	1.1	0.4
フランス	72.3	1.2	0.4
韓国	54.5	0.9	0.3
フィリピン	35.2	0.6	0.2
スウェーデン	36.0	0.6	0.2
タイ	33.5	0.6	0.2
オランダ	35.6	0.6	0.2
カザフスタン	35.0	0.6	0.2
コロンビア	33.8	0.6	0.2
オーストラリア	35.4	0.6	0.2
イタリア	29.5	0.5	0.2
ポーランド	28.5	0.5	0.2
イスラエル	26.5	0.4	0.1

第4章　アメリカの対外負債の持続可能性と国際資金フロー

チリ	26.4	0.4	0.1
スペイン	21.7	0.4	0.1
デンマーク	16.2	0.3	0.1
ベトナム	13.7	0.2	0.1
ペルー	11.2	0.2	0.1
南アフリカ	10.9	0.2	0.1
その他	179.2	3.0	1.0
合計	6,066.4	100.0	34.0

注：イギリスには、チャンネル諸島とマン島を含む。石油輸出国は、エクアドル、ベネズエラ、インドネシア、バーレーン、イラン、イラク、クウェート、オマーン、カタール、サウジアラビア、アラブ首長国連邦、アルジェリア、ガボン、リビア、ナイジェリア。カリブ・バンキングセンターは、バハマ、バミューダ、ケイマン、オランダ領アンティル、パナマ、英領バージン諸島。データは、民間部門と公的部門の合計で、Treasury bill を含む。連邦政府債務残高のデータが年度単位なので、財務省証券の非居住者による保有額も9月末を使用している。
出所：アメリカの財務省のTICのデータ、および、Treasury Bulletin, December 2014, pp.33-34。

準通貨そして準備通貨・介入通貨として機能してきたのである。しかし、今後、途上国の経済成長が続き、デカップリングがもし進めば、アメリカの世界経済に占めるシェアが低下する。その場合には、また違った展開も起りうるであろう。

　第三に、アメリカへの資本流入がある程度細るからといって、直ちに何らかの危機が起るものではない。巨大で洗練されたアメリカの金融市場では、金利の変化やドル安懸念によって、ドル建て資産を非居住者が手放す動きが起ったとしても、いずれ利益確定の買い、ないし、安値を好感しての買いが戻ってくるであろう。こうした動きは、正常なマーケットの調整過程であり、アメリカの対外負債問題が持続不可能になっているなどという状況ではない。

　第四に、アメリカの対外ポジションは主に、資産が外貨建て、負債がドル建てという構造を持っている。そのため、アメリカから資本が流出する場合などにはドル安が起るが、それは対外純負債ポジションに対して評価益をもたらすことが、多くの先行研究でも指摘されている。もちろん、逆にドル高になっ

たときには、評価損が生じるわけだが、アメリカのように慢性的に貿易収支ないし経常収支の赤字を出している国にとっては、ドル安時の評価益の可能性は、一つの安全弁であるといえるであろう。この評価効果についての先駆的な見方を紹介しよう。たとえば、マン（Mann, 2009）は次のように述べている。なお、以下の引用文で、「直接投資プレミアム」というのは、アメリカの対外直接投資からの収益が所得収支の中で最もリターンが大きく、持続可能性問題を緩和してきた、という意味である。さらに、「持続可能性問題におけるハサミ」とは、負債に対するアメリカの支払い能力（意志）と、対米資産を保有しようとする外国の需要の二つが、持続可能性問題の二つの（刃）側面であり、どちらか（または両方）が満たされないとき、持続可能性がなくなる、という意味である。「要するに、評価効果や直接投資プレミアムが、これまでと同様に将来も観測されるならば、アメリカの対外『支払い能力』は、持続可能性問題におけるハサミの中の、切断の刃ではなくなる。GDP に対する対外純負債ポジションは、それほど大きくならず、対外投資に対するネットの受取りも、GDP 比で 1% 未満に収まるであろう。しかし、もし評価効果が消えて、直接投資プレミアムも失われてしまえば、アメリカが元利払いをできるかどうかは、GDP 比で消費や投資をアメリカ国民が 2～3%、あるいは政府が 2～3% 減らす意志があるかどうかによって左右されてくる。」(Mann, 2009, pp.43-44)

つまり、GDP 比で対外純負債残高が大きくなりすぎれば、アメリカ国民は消費や投資を切り詰めざるをえなくなる、という理解である。これは、第一に、経常収支型の危機に先だって、対外負債の支払いのために引締め政策を採らざるをえなかった各国の経験を念頭に置いて語られていると同時に、第二に、対外負債に対する支払いに懸念が生じると、外国からの資本流入が減少して、金利が上昇してアメリカの景気にブレーキがかかる、というイメージも含まれているであろう。この第一と第二のケースは、段階が異なるものである。たしかに、アメリカがドル防衛のため、今後も金融引締めをしなくてすむ、とは限らない。しかし、米通貨当局がドル防衛のため、金利を引き上げる状況と、外国からの資本流入が減少したため、自然とアメリカの金利が上昇していく状況と

第4章　アメリカの対外負債の持続可能性と国際資金フロー

は、段階が異なるというべきであろう。

　そこで議論の整理のため、アメリカの経常収支赤字ないしアメリカの金融上の持続可能性が、ある状態からない状態について、段階分けをしてみたい。まずは、持続可能性の定義からである。マン（Mann, 2002）は、アメリカの経常収支赤字の持続可能性を次のように定義した。「経常収支赤字は、次のような状態では、持続可能といえる。すなわち、経常収支赤字、または、それに関連した資本流入、ネットの対外負債ポジションなどが巨大になって、消費、投資、金利、あるいは為替レートなど経済変数に重大な変化を引き起す―そうした段階にいたっていない状態のことである。なお、この定義から考えて、たとえ現時点では経常収支赤字が持続可能な状態だとしても、すでに持続不可能なレベルに向かう軌道に乗ってしまっており、将来的にはアメリカや世界経済にリスクをもたらす可能性もある（傍点は引用者・前田による）」（Mann, 2002, p.134）。以下は、この定義を参考にして、持続可能な状態と不可能な状態について、程度が軽微と思われるものから順に筆者が整理したものである。

　　フェーズⅠ―金利・為替レート等に何の変化をもたらさずに、経常収支赤字に見合う資本の流入がある状態。
　　フェーズⅡ―アメリカへの資本の流入が細ったために、重大ではない金利の上昇やドルの減価等が起り、値ごろ感（すなわち、安値感）から再び資本が流入し、経常収支赤字に見合う額となっている状態。
　　フェーズⅢ―資本の流入が細ったために、重大な金利の上昇やドルの減価等が起り、放置しておくと国際競争力上好ましくないとアメリカ以外の国が判断し、ドルの買い支えなどの措置を取ることで、経常収支赤字に見合う資本の流入がある状態。
　　フェーズⅣ―資本の流入が細ったために、重大な金利の上昇やドルの減価等が起り、放置しておくと必ずしも改善が見込めないと米政策当局が判断し、金利の引上げやドルの買い支えなどの措置を取ることで、経常収支赤字に見合う資本の流入がある状態。

図 4-4　アメリカの経常収支と公的および民間金融収支（1980 〜 2013 年、年次）

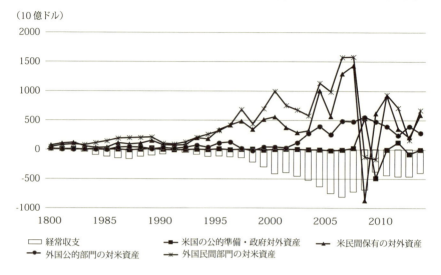

　　　□ 経常収支　　　　　　　■ 米国の公的準備・政府対外資産　　　▲ 米民間保有の対外資産
　　　● 外国公的部門の対米資産　＊ 外国民間部門の対米資産

注：金融収支部分には、デリバティブを含まない。
出所：U.S., Bureau of Economic Analysis のデータより作成。

　フェーズⅤ―資本の流入が細ったため、重大な金利の上昇やドルの減価等が起り、放置しておくと必ずしも改善が見込めないと米政策当局が判断し、金利の引上げやドルの買い支えなどの措置を取ったものの、単独では改善が見込めないため、アメリカを含めて国際的な政策協調が行われることで、経常収支赤字に見合う資本の流入がある状態。

　フェーズⅥ―資本の流入が細ったため、重大な金利の上昇やドルの減価等が起り、放置しておくと必ずしも改善が見込めないと米政策当局が判断し、金利の引上げやドルの買い支えなどの措置を取ったものの、単独では改善が見込めないため、国際的な政策協調を模索したが、協調が行われなかったか、あるいは、行われても資本が十分に流入せず、ドルの減価や金利の上昇が止まらない状態。

　マン（Mann, 2002）の定義では、米経常収支赤字が持続可能な状態とは、フェーズⅠとⅡのみである。つまり、マンの持続可能性に関する問題設定では、

第4章 アメリカの対外負債の持続可能性と国際資金フロー

フェーズⅢ以降を必ずしも明確には展開していない[34]。しかし、フェーズⅢまでとⅣ以降は、質的に異なる状況である。フェーズⅢは、現代版のビナイン・ネグレクトであるが、フェーズⅣ以降は、アメリカ自身がドルの信認を維持するために積極的に乗り出している状況である。つまり、フェーズⅣ以降は、アメリカにとって対外均衡と対内均衡のどちらを優先するかという問題を突きつけられているとともに、ドル体制そのものに大きな動揺が広がっている状況といえよう。ただし、世界金融危機とその後数年においては、為替レートは極めて不安定な動きをしたものの、アメリカ自身がドル防衛のために金利を引き上げたり、ドル買い介入をしたりしたわけではない。つまり、戦後最大の経済危機であるにもかかわらず、フェーズⅢまでしか起こっていない。フェーズⅣ以降になる場合は、さらにいくつかの重大な要因が重なる事態であろう。

　第五に、アメリカの対外投資・対内投資または対外資産・対外負債は、どちらかというと並行的に増大や縮小を見せる傾向があった。図4-4は、アメリカの国際収支統計の中から、経常収支と金融収支を1980年からたどったものである（ただし、デリバティブ取引を含んでいない）[35]。全体的に、対外資産と負債が、拡大も縮小も並行して推移していることが特徴的である（2007・2008年にアメリカ政府保有の対外資産が急激に増えているのは、世界金融危機でのドルの流動性不足に対して、アメリカが外国にドルを外貨と引き換えに供与したことによるものである）。以下、そのことをアメリカの国際資金フローにおける対外資産と負債の並行性と呼ぶ[36]。このため、ネットの金融収支は、グロスでの金融収支ほど変動が大きくない。

　対外資産と対外負債の変化（フロー）がパラレルである理由は、世界の景気循環と金融レバレッジにおいて、アメリカが中心的な立場にいること、さらに、アメリカ所在銀行の非居住者への融資が両建てで行われることなどである。2007年のサブプライム・ローン危機以降の世界金融危機では、世界的に信用の収縮とホーム・バイアスつまり資金の自国回帰が起ったため、アメリカをめぐる金融収支は、資産と負債の両方が同時に縮小した。特に、民間レベルでこの並行性は強いようである。

表 4-5　アメリカの民間金融収支（2002 〜 07 年、年次）　　　　（単位：100 万ドル）

	2002	2003	2004	2005	2006	2007
民間金融収支	-387,906	-252,752	-130,063	-421,816	-283,780	-152,383
米国・民間部門の対外資産	291,310	327,483	1,005,385	566,265	1,293,448	1,431,212
外国・民間部門の対米資産	679,216	580,235	1,135,448	988,081	1,577,228	1,583,595

注：金融収支には、デリバティブを含まない。外国・民間部門の対米資産には、財務省証券を含む。
出所：U.S., Bureau of Economic Analysis のデータより作成。

　では、アメリカの金融収支の資産と負債の並行性については、将来的にも続くのであろうか。必ずしもそうならない可能性を示唆している一例として、2004 〜 2005 年に起った特異な現象を検討しよう。表 4-5 は、2005 年前後におけるアメリカの民間金融収支を示したものである。2005 年におけるアメリカのネットの金融収支は前年と翌年に較べて資本流入の増加が大きいが、グロスの資本流入（外国・民間部門の対米資産）は、減少していることがわかる。この理由は何であろうか。

　地域別では、2004 年から 2005 年にかけては、EU からアメリカへの資本流入が横ばいになっているものの、アジア・太平洋地域が大きく減少している。アジア地域の中でも特に大きく減少させたのが日本であり、2004 年と比較すると 2005 年には、日本からの資本流入額が、大きく減少している。日本は、2004 年 3 月から 2011 年の大震災直後まで、2010 年 9 月 15 日を除くと、為替市場への介入を実施していない。これは、アメリカの金利上昇によって、

第4章　アメリカの対外負債の持続可能性と国際資金フロー

円高から円安基調に転換し、ドル買い・円売り介入をする必要がなくなったからである。つまり、日本からのアメリカへの公的な資本流入すなわちドル買い介入による公的なドル準備の形成が、ストップしたのである。かわって、日本の民間部門からの対米投資、特に円キャリー取引が増加した。

　2002年から2003・2004年にかけて、アメリカ所在の銀行およびブローカーのグロスの対日債務は急激に増加し、2005年に一転、大きく落ち込んでいる。日本の民間部門からの対米投資は、証券投資では減少していないが、減少した最大の項目は銀行部門である。2004年にはアメリカと日本の短期金利差は、たしかに拡大していたのだが、日本の銀行のリスクプレミアムが拡大して、日本でマイナス金利が発生していたので、アメリカの銀行としては、ドル調達に支障をきたしている邦銀に対して有利な条件で直先スワップ取引によるドルの供給をすれば、たとえその見返りに受け取った円を無利子ないしマイナス金利で運用しても、実質的に利益を確保できたことが、こうした取引の原因と言われている。[38]

　こうして、2004年後半以降、アメリカの本店から日本の支店へのドルの貸付が急増していた。その取引が解消したのが、2005年であったのである。その後は、円キャリーが活発化するとともに、それまでの円転資金の返済という形で、日米の銀行間資金フローが急激にアメリカへの流入に転化した。たとえば、日本銀行のホームページ上の「2005年の国際収支（速報）動向」では、「2005年中は、外銀が大幅な流出超（すなわちアメリカ本店へのドル返済—引用者・前田、補足）となった。とりわけ、年初において、円転コストのマイナス幅が縮小する中で、円転資金としてそれまで外銀本邦店が本支店勘定を通じて取り込んできた外貨の返済が多額にのぼった」と説明されている。[39]

　このような経緯で、アメリカの国際収支統計では、日本からの資本流入が2005年に大幅に一時的に減少するという結果が出たと思われる。なお、2004年末頃からマイナス金利が日本で縮小してきた理由は、金融機関などがドル建ての債券に投資するためのドル需要が、減少したためであるといわれている。

表 4-6　アメリカの経常収支と金融収支

	2000	2001	2002	2003	2004	2005
経常収支 -a)	-410,756	-395,328	-458,087	-521,342	-633,768	-745,434
金融収支（ネット）	-477,697	-400,255	-500,513	-532,884	-532,333	-700,720
民間部門 -b)	-436,174	-377,592	-387,906	-252,752	-130,063	-421,816
公的部門	-41,523	-22,663	-112,608	-280,131	-402,271	-278,905
a) － b)	25,418	-17,736	-70,181	-268,590	-503,705	-323,618

注：金融収支には、デリバティブを含まない。公的部門には通貨当局を含む。金融収支には、
出所：U.S., Bureau of Economic Analysis のデータより作成。

　次に、この時期のアメリカの対外資産について、同様にみてみよう。2005年に対外資産も負債も大きく落ち込んでいるが、アメリカ・民間保有の対外資産の減少の方が、外国・民間部門が保有するアメリカ資産の落ち込みよりもきわめて大きい。

　そして、アメリカの対外資産の2005年の大きな落ち込み（対外資産の縮小）は、主にEUに対して起っている。その落ち込みのほんどは、イギリスに対するものである。しかも、その落ち込みは、主に有価証券とアメリカ所在銀行および証券ブローカー部門で起っている。

　この理由は、『サーベイ・オブ・カレントビジネス』が説明するところでは、2004年中の対外与信の急増からの反動である（SCB, July 2005, p.79）。2004年中の与信の増大については、同じく『サーベイ・オブ・カレントビジネス』で次のように説明されている。「『銀行自身のドル建ての債権』項目は、第2四半期の87億ドルの増加の後、第3四半期には649億ドル増加している。

第 4 章　アメリカの対外負債の持続可能性と国際資金フロー

(2000 〜 13 年、年次)　　　　　　　　　　　　　　　　　　　　　　　(単位：100 万ドル)

2006	2007	2008	2009	2010	2011	2012	2013
-806,726	-718,643	-686,641	-380,792	-443,930	-459,344	-460,749	-400,254
-779,438	-611,030	-763,519	-186,146	-422,895	-480,753	-430,556	-372,905
-283,780	-152,383	-743,347	783,169	-19,952	-356,955	47,362	-80,759
-495,657	-458,647	-20,172	-969,314	-402,944	-123,798	-477,917	-292,147
-522,946	-566,260	56,706	-1,163,961	-423,978	-102,389	-508,111	-319,495

Treasury bill も含めて、財務省証券が算入されている。

この増加の主な要因としては、ブローカー・ディーラーによる、イギリス所在の外銀および非銀行に対する貸付の増加が大きい。ブローカー・ディーラーの貸付は、…… 一部は、アメリカの社債のネットの購入増加をファイナンスするためのものである。銀行の貸付は、主に外国の支店やオフィスに対するものであり、その一部はシンジケートローンである」(SCB, January 2005, p.51)。アメリカでは短期金利の上昇にもかかわらず、長期債の利回りが上昇しないという「金利の謎」と呼ばれた現象が起ったのが、2003・2004 年頃であった。この時期、短期金利が上昇しながらも、長期金利が低位のままであったため、アメリカの社債の取引が活発であったことがうかがえる。その目的のためのアメリカからイギリスへの与信が、2004 年に大きく伸びており、その反動で 2005 年にはアメリカからイギリスへの銀行部門の債権が大幅に縮小したと思われる。

　以上、この時期のアメリカの金融収支における並行性については、次のよう

にいうことができる。

　①アメリカの対外資産・負債の中で、銀行部門が主要な位置を占めており、その両建てでの対外与信の増減によって、対外資産と負債の並行性が生じている。②2004年から2005年の変化では、アメリカの対イギリス資産の縮小と、対日本での負債の縮小が起っている。対イギリス資産の縮小の理由は、2004年までの与信増の反動であり、対日本での負債の縮小は、2004年までの邦銀のドル調達ニーズに対する融資の反動である。③対イギリスの2004年の与信では、ドル建ての取引が、大きな割合を占めていると予想される。すなちわ、アメリカ所在銀行および証券ブローカーによるドル建て貸付、および、イギリス所在の金融機関や投資家によるドル建てでの対米投資である。これに対して、2004年の日本に対する負債の変動は、日本に所在する金融機関や投資家によるドルの調達に対する両建ての貸付である。つまり、イギリスと日本で、対アメリカ銀行等部門に対する資金の運動は、その内容において大きく異なっている。たしかに、すでに述べたように、アメリカ所在銀行の対外ドル貸付は、アメリカの国際資金フローの資産と負債における並行性を生み出す要因であるが、イギリスと日本の例でわかるとおり、異なる要因で運動する可能性があることも否定できない。

　さて、2000年以降のみをみた表4-6では、さらに興味深いことに気づく。金融収支自体は一貫して資本の流入（マイナス符号）であるが、民間のみの金融収支をみると、経常収支赤字に見合う額に達しているのは2000年と2008年のみである。まり、経常収支赤字のかなりの部分が、中国などの特定の途上国に集中しており、その結果、公的レベルでの対米資本流入が、アメリカの経常収支赤字をカバーする大きな要因になっているということである。

　以上から、次のことがわかる。経常収支赤字に見合う資本の流入が今後もあるのかどうかについては、①アメリカの金融収支の資産と負債の並行性が続くのか、②民間金融収支と経常収支の合計の赤字が続くのか、③民間金融収支の赤字を外国公的部門のドル買い介入という公的資本流入で今後もまかなえるのかどうか、によって違ってくる。

第4章　アメリカの対外負債の持続可能性と国際資金フロー

　これらの組み合せによっては、アメリカの経常収支赤字に資本流入が見合わない事態は、確かにあるであろう(42)。ただし、そのような事態になったとしても、最初に予想されるのはフェーズⅢであろう。ドルの基軸通貨性や対外利払いに対する信認が失墜していない限りは、経常収支赤字に見合う額の資本流入がない結果、ドル安と金利上昇が起るが、ある程度までドルが減価して債券価格も下落したところで、安値感からのドル買いと資本流入が復活するであろう。逆にいえば、ドルの為替レートへの重大な懸念や対外利払いの懸念などが本当に深刻になれば、アメリカへの資本流入が重大な減少をみせる可能性はある。問題は、そのときに長期にわたった、フェーズⅣ以降の事態にまでいたるのかどうかである。

第4節　結論

　アメリカの経常収支赤字と対外負債残高について着目すべき点は、①対外資産残高と負債残高のリターン率の差が、3％程度を維持できるのかどうか、②ⅰ）経常収支赤字に見合う資本の流入があるのかどうか、②アメリカの対外負債が急速に収縮していくような事態が起るのか、である。そして、アメリカの経常収支赤字に見合う額に、資本流入が達しない可能性は、必ずしも否定できないと思われる。並行性がいつも担保されるとは限らないうえに、民間金融収支では、すでに経常収支赤字に見合うほどの資本流入は生じておらず、公的な資本流入で補っている状況である。しかし、そうだからといって、ドル危機がすぐに起るというわけではない。むしろ、ドル安と金利上昇がある程度まで進んだ後に、安値感からアメリカにまた資本が流入してくる、あるいは、アジアを中心とした通貨当局がドル買い介入を一斉に行う、という調整が起る可能性が高い。これは、フェーズⅡとⅢである。筆者の理解では、マン（Mann, 1999, 2002, 2009）では、フェーズⅠ—ⅢとⅣ以降の区別が必ずしも明確ではない。また、経常収支赤字が原因でもなく、経常収支赤字の持続可能性に影響

を及ぼさないけれども、アメリカの国際資金フローがドルのレート、金利、アメリカ経済に大きな影響を与える事態も、マンを中心とした論者は射程に十分に入れていない。

　つまり、アメリカへの対外負債の持続可能性は、第一に、対外負債の発散如何にかかっているだけではなく、そのことが対外利払いへの信頼低下につながるのかどうかにもかかっている。第二に、それとは独立の問題として、アメリカへの資本流入が持続するかどうかにかかっている。そして、持続するかどうかは、対外資産・負債の並行性、民間資本流入の動向、そして、公的資本流入の動向に左右される。後者の二つにとっては、まさにドルのレートに対する信認の問題や公的国際通貨としてのドルの属性が重要といえるであろう。

第5章　アメリカの国際資金フローの新局面

——2007年以降の展開——

第1節　問題の設定
　　——アメリカの国際資金フローは構造を変えたのか

　第4章では、アメリカの経常収支の中で、対外資産と負債に対する利子や配当の受払いだけが問題なのではなく、より注目すべきは、経常収支赤字と資本流入の関係であることを示した。つまり、経常収支赤字に見合う資本の流入がないがゆえに、為替レートや金利に何らかの影響が及ぶ可能性があり、また、経常収支赤字の結果として累積した対外負債残高が、何らかの理由で急速に収縮しようとするときには、大きな影響が及びうる、ということを強調しておいた。たとえば、1987年のブラックマンデーでは、外国からの資本流入が突然、逆流することによって、アメリカの債券と株式市場に短期的にせよ大きな混乱をもたらした。また、2007年以前には、アメリカへの資本流入がアメリカの長期金利を必要以上に低位に安定させ、政策金利の引上げに対して長期金利が反応しなくなる一つの原因となった。そのことが、アメリカの住宅バブルを過熱させたといわれている。このように、アメリカの国際資金フローをめぐる問題の多くは、金融収支のレベルにも存在しているといえよう。
　そこで本章では、アメリカの対外負債残高の急激な縮小の可能性と、アメリ

カへの資本流入が、細ってきているのかどうかを議論の中心にすえながら、サブプライム・ローン危機後のアメリカの国際資金フローの変化を検討する。なお、本章の対象とする時期は、主に 2011 年の第 1 四半期頃までである。それ以降は、ドルキャリー取引が本格的となり、新たな局面として捉えた方が適切と思われるからである。2011 年以降については、終章で言及する。

第 2 節　国際資金フローの変化を測る諸視角

カイユ＝グリフィス・ジョーンズ（2003）は、国際資金フローの不安定性を国際収支統計のフローベースでのヴォラティリティーの増大であるとして、計測を試みている。彼らは、1980 年から 1997 年の四半期統計を使って、アジアやラテン・アメリカにおける各途上国の金融収支のヴォラティリティーを調べている。その結果、証券投資の変動が最も大きく、次に、銀行融資、直接投資の順であること、すなわち、証券投資は直接投資の 8 倍、銀行融資は同じく 2 倍、浮動性が高い、との順当な結論をえている。また、ラテン・アメリカ向けのフローは、1980 年代も 1990 年代も、ほぼすべての投資形態でヴォラティリティーがアジア向けよりも大きいこと、1990 年代には 1980 年代と比較してラテン・アメリカへの資本流入が、より大きくなったこと、1997 年の第 1 四半期以降のタイ、および、第 3 四半期以降のインドネシアと韓国にとって、銀行融資のヴォラティリティー係数が大きく変動していることを強調している（Cailloux, Jacques and Stephany Griffith-Jones, 2003, pp.13-14）。

彼らのヴォラティリティーの計測手法は、10 年単位で時期を区分しながら長期にわたる国際資金フローを比較・計測するうえでは有益であるが、フローデータのみに注目しており、アグリゲートの視点がないことから、必ずしも本章の目的には十分ではない。そこで、アメリカの二つのデータソースを使って、別の視点から考えてみよう。

図 5-1 から図 5-4 は、アメリカの有価証券に対する外国からの買いと売り（棒

第 5 章　アメリカの国際資金フローの新局面

グラフ一左軸)、および、そのネット（折れ線グラフ一右軸）を証券の形態別に四半期でみたものである。ただし、短期の財務省証券すなわちトレジャリー・ビルを含まない。また、いずれの取引も外国の公的機関による売買を含まない。単位はいずれも 10 億ドルである。新規発行の買いは、アグリゲートの購入額に含まれる。GDP 比でみたものではないが、たとえば 2000 年初頭の売りや買いの額に較べて、2007 年頃は、3 倍から 4 倍程度に膨れあがっており、実体経済の伸びに比較して、著しく売買額が大きくなっていることがわかる。こうした売買額の膨張の原因は、ヘッジファンドなど機関投資家による国際的な資金運用の拡大、コンピュータ技術の発達による取引手法の容易化、ポートフォリオ理論の普及による取引の高度化などであろう。

　しかし、売買額がいくら増大しても、売りと買いがほぼバランスしている限りは、証券価格や利回りや為替レートに対して、問題ではないとの見方もありうる。そこで、不安定性を計測する方法として、買いと売りのバランスを考える手法を検討しよう。

　買いマイナス売りのデータ（買いマイナス売りの実額などと表現する）、買いマイナス売りを売買高合計で除したデータ（以下、ギャップ指数 A と呼ぶ）、買いマイナス売りを GDP で除したデータ（ギャップ指数 B と呼ぶ）、などいくつかの手法が考えられるであろう。それぞれがメリットとデメリットを持っており、何に注目するかによって、その選択は異なる。

　最初に、ギャップ指数 A であるが、これはグルーベル・ロイド指数型の指標である。買いのみに偏っていたら、この指標は 1 となり、買いと売りが同額であれば 0 であり、売りのみに偏っていたらマイナス 1 となる。つまり、0 に近いほど、買いと売りがバランスしているということになる[45]。この指標においては、売買額のデータすべてを各 GDP で割ったとしても、分母と分子の両方を同一の GDP で除すことになる。よって、GDP で割らない場合も同じで、時系列による GDP の増大をコントロールできる利点がある。しかし、売買額の増大や GDP など実体経済に比しての取引の肥大化という問題が除去されるという欠点がある。そこで、この欠点を補うため、ギャップ指数 A そのものに、

図 5-1　外国からのアメリカの株の売買
（四半期ベース、1998 年第 1 四半期～ 2012 年第 3 四半期）

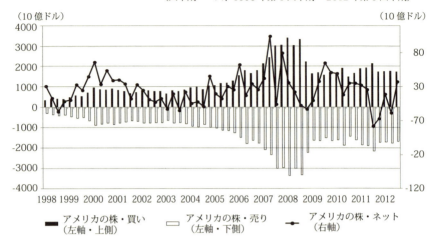

出所：U.S., Bureau of Economic Analysis のデータより作成。

図 5-2　外国からのアメリカの社債の売買
（四半期ベース、1998 年第 1 四半期～ 2012 年第 3 四半期）

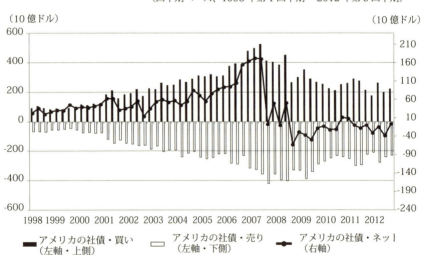

出所：U.S., Bureau of Economic Analysis のデータより作成。

第 5 章　アメリカの国際資金フローの新局面

図 5-3　外国からのアメリカの政府機関債の売買
（四半期ベース、1998 年第 1 四半期〜 2012 年第 3 四半期）

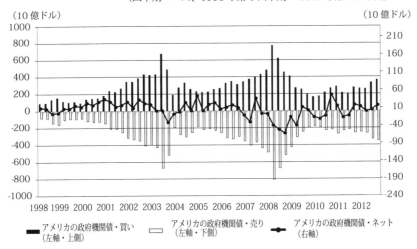

出所：U.S., Bureau of Economic Analysis のデータより作成。

図 5-4　外国からのアメリカの財務省証券の売買
（四半期ベース、1998 年第 1 四半期〜 2012 年第 3 四半期）

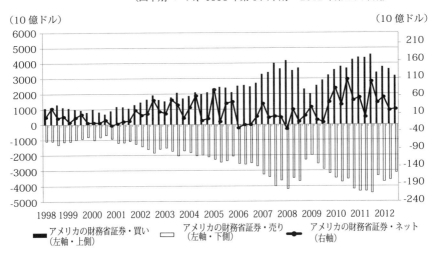

注：Treasury bill を除く。
出所：U.S., Bureau of Economic Analysis のデータより作成。

売買額／GDP を乗じると、

$$\text{ギャップ指数}A \times \frac{\text{売買額}}{GDP} = \frac{\text{買い}-\text{売り}}{\text{買い}+\text{売り}} \times \frac{\text{買い}+\text{売り}}{GDP} = \frac{\text{買い}-\text{売り}}{GDP} = \text{ギャップ指数}B$$

となる。つまり、ギャップ指数 A と B は同一系列の二つの異なる指標であるといえる。

　まず、買いマイナス売りを売買高（買いと売りの合計額）で除したギャップ指数 A から説明しよう。この指標の長所は、時期や証券形態や国ごとの違いを標準化して共通の尺度で比較できることである。逆に短所としては、取引額の膨張・収縮や GDP などの実体経済と比較する視角が消えてしまうことである。たとえば、金融危機が顕在化した、2007 年 7 月から 2011 年 6 月末までの 4 年間のアメリカ居住者と非居住者間のアメリカの有価証券の売買高について、アメリカ財務省の TIC（Treasury International Capital System）データ（月次）をみると[46]、この期間に財務省証券（トレジャリー・ビルを除く）と社債（資産担保証券を含む）のどちらもが売越し[47]、すなわち、買いから売りを引いた金額がマイナスになったのは、2007 年 8 月と 2008 年 11 月の 2 回のみである。それぞれの時期において、財務省証券の売越しは、45 億 2000 万ドルと 257 億 8000 万ドルであり、社債は 9 億 6000 万ドルと 162 億 1000 万ドルである。どちらも財務省証券の売越し額の方が、社債のそれよりも大きい。しかし、このことだけから、その時期に財務省証券の方が、社債よりも不安定な相場展開をしていた、と結論することはできないであろう。たとえば、2008 年 11 月の財務省証券の売越しは、グロスの買いの 6896 億 1000 万ドルに対して、3.7％でしかない。一方、同じ月の社債のグロスの買いは、814 億 8000 万ドルであり、売越しの 162 億 1000 万ドルはその 19.9％である。この比較から考えると、価格や利回りへの影響という意味では、財務省証券よりも社債市場の方が、受けたダメージが大きかったとするのが自然であろう。

　別の例をみてみよう。アメリカの政府機関債に対する非居住者と居住者間の売買に関する TIC データから、ネットの買い（買いマイナス売り）とギャップ指数 A を示したものが図 5-5 である。2008 年の 10 月と 12 月をみると、売

第 5 章　アメリカの国際資金フローの新局面

図 5-5　米政府機関債のネットの購入額とギャップ指数 A
（月次ベース、2007 年 6 月～ 11 年 12 月）

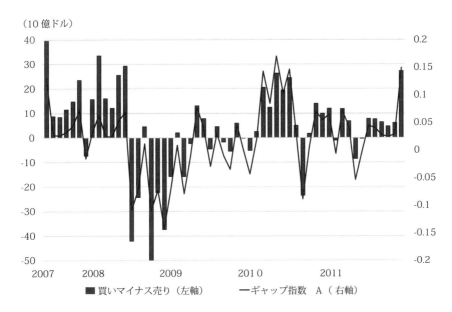

出所：アメリカの財務省の TIC のデータより作成。

越しの額自体は 10 月の方が大きい。しかし、ギャップ指数 A では、12 月のマイナスが 10 月のそれより大きい。つまり、危機が進行するにつれて、政府機関債の市場で売買の減少が起っていたのである。マーケットが危機によって縮小した中での売越しや買越しの影響をみるためには、実額だけではなくギャップ指数も有効な指標といえよう。

逆にいえば、危機が起る前の段階までに外国保有の米政府機関債の残高が巨大化していたのである。この残高の巨大化は、政府機関債にとどまらず、他の形態の有価証券についても同じである。その様子を同じく TIC データで確認してみよう。四つの形態のアメリカの有価証券（財務省証券、政府機関債、社債、株式。ただし、トレジャリー・ビルを含む）が、非居住者に保有されている残高を長短期合計について比較可能な 2002 年 6 月末と 2006 年 6 月末（サブプライム・ロー

表5-1　アメリカの4種証券の外国保有残高とGDPの比較
（2002年6月末と2006年6月末）

4証券合計		名目GDP	
2006年6月末	2002年6月末	2006年6月末	2002年6月末
7,777,565	4,338,049	13,347.8	10,601.9
1.79	1	1.26	1

注：証券の単位は、上段が100万ドル、下段が倍。名目GDPの単位は、上段が10億ドル、下段が倍。
出所：アメリカの財務省のTICのデータより作成。

ン危機が起る前年）でみると、表5-1のとおりである。2002年6月を1として倍数で表すと、名目GDPは1.26倍であるのに対して、有価証券は1.79倍になっている。

　もちろん、さらに昔と比較すれば、この倍率はさらに大きい。このように、GDPなど実体経済と比較して国際的な資産・負債残高が巨大化していることは、金融のグローバル化と規制緩和が進んだ1980年代以降にみられる特徴である。

　他の例を示そう。たとえば、「アメリカの株式を大きく売り越している国はどこか」という問いに対しては、アメリカの立場でみるか、売り越している国の立場でみるかで、回答は異なってくる。アメリカにとって投資大国である地域が売り越した場合には、その額は大きいであろう。つまり、その投資大国の売買合計額に比して、その売越し額が（比率として）たとえ小さくても、他の小国の売りよりも、売りの金額自体は大きいであろう。

第 5 章　アメリカの国際資金フローの新局面

図 5-6　アメリカの財務省証券（長期）利回りの階差とギャップ指数 A
　　　　（月次ベース、2004 年 1 月～ 11 年 6 月）

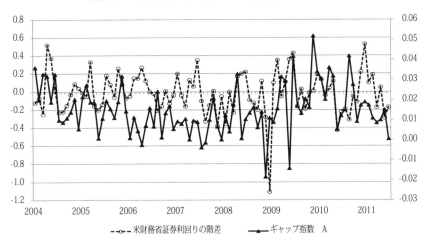

出所：アメリカの財務省の TIC のデータ、および、IMF の elibrary のデータより作成。

　しかし、売り越している国の立場でみれば、話は違ってくる。買いよりも売りが（比率として）少し大きい投資大国よりも、買いよりも売りが（比率として）大きい小国の方が、大きく売り越している。特定の国や地域で、何からの投資行動の変化が起っているかどうかを探るならば、それぞれの国の買いと売りの差額を売買金額で除すことが適切であり、反対に、アメリカへの絶対的な影響度を測るのであれば、売買金額の差額、または、差額をアメリカの GDP などで除すことが適切なのである。あたかも、所得の不平等を測るジニ係数が、必ず 0 から 1 の値を取る標準化された指標であるがゆえに、国や時期の別を除去した指標である反面、所得の絶対的な高低を知ることができないものであることと同様に、買いと売りのバランスを論じる際にも、標準化するかしないかで、その性質は変わってくるのである。

　次に、ギャップ指数は、各種有価証券の価格や利回りと、どの程度相関があるのかを検証しよう。図 5-6 は、財務省証券（長期）の利回りの階差と、財務

省証券（Teasury bond と Treasury note）のギャップ指数 A を 2004 年 1 月から 2011 年 6 月について示したものである。時期によっても異なるが、ある程度の相関が感じられる。また、世界金融危機が深化した 2008 年秋には、非居住者が大量の財務省証券を売却していることがみて取れる。

ただし、グラフの縦軸は利回りの階差なので、グラフが上にいくほど利回りの上昇、すなわち、証券価格の下落である。ギャップ指数 A はグラフが上にいくほど、非居住者からの買いが売りよりも売買額に比して大きくなっていることを意味している。つまり、因果関係としては、財務省証券の価格下落に対して、非居住者からの買いが入っていると考えることができる。

次に、S&P500 種株価指数（対数値の階差）とアメリカ株式のギャップ指数 A の相関をみたものが、図 5-7 である。やはり、ギャップ数 A と株価に相関があることがわかる。ちなみに、2004 年 1 月から 2011 年 6 月について、財務省証券についてのギャップ指数 A の一期ラグを従属変数、財務省証券の平均利回り（階差）を独立変数として単回帰分析を試みたところ、自由度修正済み決定係数は 0.037 と低いものの、係数は 0.011、t 値は 2.08 と有意であった。同様に、S&P500 種株価指数（対数値の階差の一期ラグ）と株式についてのギャップ指数 A についての単回帰分析の結果は、自由度修正済み決定係数は 0.12、係数は 0.079、t 値は 3.57 と有意であった。

以上、ギャップ指数の特徴と有用性を細かく説明した。以下では、内容に応じて、A と B を使い分けて分析する（ギャップ指数とのみ表現する場合には、A のみを意味している）。ただし、B で利用する GDP は、実額ではなく基準年を 1 とする倍数である。以下では、2007 年以降、アメリカへの証券投資がはたして安定的であったのかどうかを検討する。

図 5-8 と図 5-9 は、アメリカの 4 種類の証券について、ギャップ指数 A をみたものである。これらをみると、財務省証券と株式については売買がバランスしており、社債（corporate bonds）と政府機関債については、2008 年以降にバランスが崩れている。これはいうまでもなくリーマンショックとその後の世界金融危機によるものである。また、サブプライム・ローン危機以前には、

第 5 章　アメリカの国際資金フローの新局面

図 5-7　アメリカ株価指数（S&P）の対数値の階差とギャップ指数 A の相関
　　　　（月次ベース、2004 年 1 月～ 11 年 6 月）

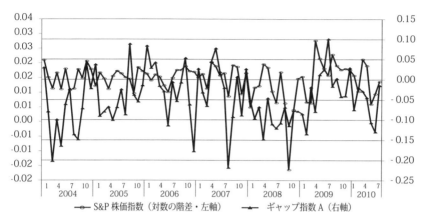

注：S&P 株価指数の元データは、2010 年期中平均を 100 とする指数。
出所：IMF のオンラインデータベースの IFS、および、アメリカの財務省の TIC のデータより作成。

社債と政府機関債で買いが売りよりも大きかったことがわかる。こうしたリスクを取る投資行動の反動として、サブプライム・ローン危機以後に、売りに大きく傾くという現象が起ったともいえる。

　ちなみに、サブプライム・ローン危機以降、買いと売りの両方が縮小したのは、ホーム・バイアスの高まりや、質への逃避によるものである。社債と政府機関債で、買いと売りのバランスが崩壊しながら、こうした両建てでの縮小が起っている。逆に、財務省証券と株式については、そうではないようである。

　この段階までの議論では、社債と政府機関債については買いと売りのバランスが大きく崩れていたが、財務省証券については、質への逃避ゆえにむしろ安定性が維持されてきたことが明らかになった。今後、もしもアメリカの財政状況への深刻な懸念が生じたり、アメリカの対外負債残高が不安定な様相をみせたりするならば、財務省証券のギャップ指数 A がマイナス方向に偏るという

図 5-8　外国からのアメリカ証券の取引におけるギャップ指数 A（株式、社債）
（四半期ベース、証券形態別、1998 〜 2011 年第 2 四半期）

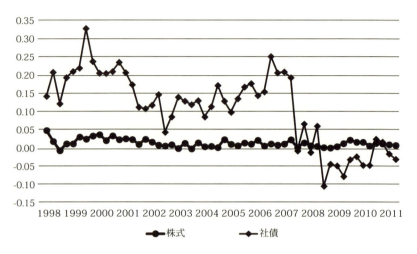

出所：U.S., Bureau of Economic Analysis のデータより作成。

図 5-9　外国からのアメリカ証券の取引におけるギャップ指数 A（政府機関債、財務省証券）
（四半期ベース、証券形態別、1998 〜 2011 年第 2 四半期）

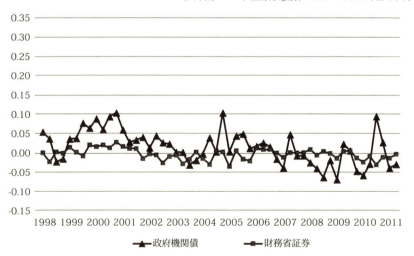

出所：U.S., Bureau of Economic Analysis のデータより作成。

第 5 章　アメリカの国際資金フローの新局面

形で発現するであろう。

　ここまでは、アメリカへの証券投資についてのみ検討したが、ドルのレートが 2000 年代末の金融危機時にも安定的に推移した様子をみるためには、アメリカからの対外投資についても明らかにする必要がある。図 5-10 と図 5-11 は、アメリカ BEA から入手可能な、アメリカ居住者（公的部門を除く）による外国株と債券（公債を含む）の売買を示したものである。棒グラフがアグリゲートの買い（上方向）と売り（下方向）、折れ線グラフが買いマイナス売り、すなわち、ネットである。

　両者をみてわかることは、サブプライム・ローン危機ないし世界金融危機から 2009 年の前半まで、買いも売りもどちらも縮小していることである。買いと売りが同時に縮小しながらも、全体としては売越しとなっていた。このように、アメリカへの証券投資（買いマイナス売りのネット）がこの時期に縮小しつつも、アメリカからの対外証券投資も縮小したこと、さらに、アメリカからの証券投資もアメリカへの証券投資のどちらにおいても、買いと売りが共に縮小していたことが、ドルレートに大きな混乱を生じさせなかった要因であったといえるであろう。

　アメリカからの外国株と外国債券の売買におけるギャップ指数 A は、図 5-12 のとおりである。サブプライム・ローン危機が起る前に、債券への投資が大きく伸びており、危機後には逆に大きく売りに傾いている。

　なお、1998 年の第 4 四半期と 2099 年の第 2 四半期に、株式投資が買越しに大きく振れているのは、外国企業によるアメリカ企業の大型買収が、株式交換型で起ったことによる。すなわち、直接投資の見合い勘定として、こうした株式交換がアメリカの対外証券投資として計上されているのである。

　以上、アグリゲートレベルで検討した結果、サブプライム・ローン危機後には、アメリカをめぐる国際資金フローについて、アメリカの政府機関債と社債については、買いと売りのバランスが大きく崩れたことが明らかとなった。しかし、財務省証券と株式については、2008 年の秋以外には、買いと売りのバランスの崩壊はそれほど起っていなかった。

図 5-10 アメリカからの外国株の売買
（四半期ベース、1998 年〜 2012 年第 3 四半期）

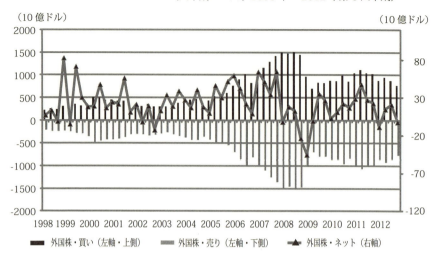

出所：U.S., Bureau of Economic Analysis のデータより作成。

図 5-11 アメリカからの外国債券の売買
（四半期ベース、1998 年〜 2012 年第 3 四半期）

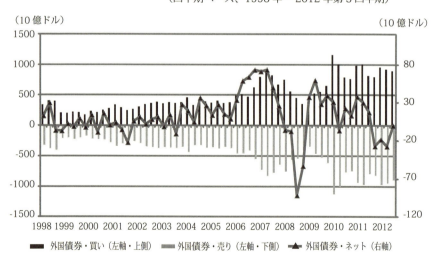

出所：U.S., Bureau of Economic Analysis のデータより作成。

第 5 章　アメリカの国際資金フローの新局面

図 5-12　アメリカからの外国証券の売買におけるギャップ指数 A
（四半期ベース、1998 年～ 2010 年第 1 四半期）

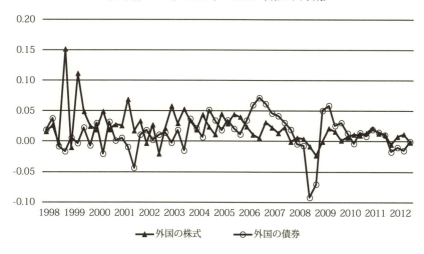

出所：U.S., Bureau of Economic Analysis のデータより作成。

　たしかに、実体経済の規模に比して国際資金フローは肥大化しており、何らかの危機によって一時的に売買や資金の流れが偏る可能性はある。しかし、ドルの信認にかかわるような、深刻な事態が長期間にわたって進行していたとまではいえないであろう。また、サブプライム・ローン危機後に起った新たな特徴として、ホーム・バイアスの高まりが判明した。それは、アメリカへの資本流入についても、アメリカからの資本流出についても起っていた。確かにアメリカへの資本流入は全体として減少したものの、アメリカからの資本流出も減少している。つまり、両建てでの縮小であるといえる。そのことがドルのレートの下落をかなり緩和したのである。
　このように、アメリカの政府機関債や社債市場には大きなダメージがあったものの、ドルの信認に大きな影響が出る事態にはいたらなかった。しかし、アメリカの国際資金フローが決定的に不安定な様相をみせなかった理由としては、これまで述べたような資産と負債の並行性のみではなく、サブプライム・ロー

表 5-2 アメリカ有価証券の形態別・地

	有価証券計	財務省証券	政府機関債	AAA格付け企業の債券
残高計（2003年）	29,757	3,342	5,969	393
外国保有分（欧州含む2003年）	5,239	1,477	571	157
欧州保有分（2003年）	2,182	345	192	74
GSGs保有分（2003年）	870	449	198	5
米居住者保有分（2003年）	24,518	1,864	5,398	236
残高計（2007年）	40,169	4,113	6,786	425
外国保有分（欧州含む2007年）	9,796	2,384	1,384	214
欧州保有分（2007年）	3,978	399	308	126
GSGs保有分	2,082	905	656	9
米居住者保有分（2007年）	30,373	1,729	5,402	210

注：GSGsは、グローバル・セービング・グラット諸国。GSGsには、アジア（日本を除く）と中東をギリシを意味する。データは、アメリカの財務省のTICデータにもとづいて、スタッフの推計によっ
出所：バーナンキ＝バータウト＝デマルコ＝カミン（2011）、screen reader version.

ン危機が世界金融危機に発展する過程で、欧州に危機が飛び火したことも、強く作用している。アメリカの金融収支やドルレートの動向とからめて、その経緯を確認してみよう。

　欧州で危機が本格化したのは、2008年の秋からである。その背景の一つは、米政府機関債を含むアメリカの資産担保証券やCDOを欧州の金融機関が大量に購入していたことによる。しかも、それらの購入の原資を欧州の金融機関は、短期資金のドル調達でまかなっていた。バーナンキら（2011, pp.8-11）は、2003年と2007年のアメリカ有価証券への投資残高を比較して、欧州の保有残高において、財務省証券や政府機関債だけではなく、よりリスクの高い資産担保証券なども大きく伸びていることを表5-2と表5-3のように指摘している。

　表5-3では、欧州からの対米投資が、しだいにAAA格付け未満の債券に傾斜していった様子が現れている。2007年のGSG諸国（バーナンキがいうとこ

第 5 章　アメリカの国際資金フローの新局面

域別保有残高（2003 年、07 年）

（単位：10 億ドル）

AAA 格付けの ABS、MBS	AAA 格付け未満 の企業の債券	AAA 格付け未満 の ABS、MBS	株式
1,439	4,093	254	14,266
162	1,003	29	1,839
86	496	15	974
11	33	2	172
1,277	3,090	225	12,427
3,154	5,286	458	19,947
788	1,679	114	3,232
487	993	71	1,594
44	72	6	389
2,366	3,607	344	16,715

含む。ABS には MBS を含まない。欧州とは、ユーロ域とイ
て作成されている。

ろの global saving glut countries）は、およそ 2 兆ドルのアメリカの有価証券を保有しているのに対して、欧州だけで 3.9 兆ドルと、およそ 2 倍の残高を持っている。しかも、GSG 諸国の保有する有価証券のうち、最大のものは財務省証券であるが、欧州の場合には、最大は株式、ついで、AAA 格付け未満の企業の債券である。さらに、バーナンキら（2011）は、GSG 諸国と異なり、欧州の対米証券投資は、ドルの資金調達に依存していたことも指摘している。

　こうした欧州の金融機関が、アメリカの資産担保証券の価格下落によって、バランスシートの毀損を被り、また、短期のドル調達に支障をきたしたこと[50]が、欧州での危機の本格化につながった。この経緯をバータウトとパウンダー（Bertaut, Carol C. and Laurie Pounder , 2009）は次のように述べている。

　「2007 年央から 2008 年中頃にかけて、（アメリカからの銀行勘定での―引用者・

表 5-3　欧州からのアメリカ有価証券への投資フロー（1998 ～ 2006 年）

（単位：10 億ドル）

年	株式	AAA 格付け未満の RMBS、CMBS、ABS	AAA 格付け未満の企業の債券	AAA 格付けの RMBS、CMBS、ABS	AAA 格付けの企業の債券	政府機関債	財務省証券
1998	24.8	1.3	28.4	4.4	4.1	25.3	-20.1
1999	41.3	1.4	59.1	4.7	3.5	14.0	-69.5
2000	164.4	3.5	57.3	12.3	5.3	51.5	-62.7
2001	78.3	2.9	23.5	11.5	4.2	43.0	-23.9
2002	41.6	7.2	12.3	33.2	3.2	18.9	51.1
2003	64.5	5.0	170.8	27.1	33.8	-19.0	3.7
2004	62.9	11.6	131.8	70.1	25.1	31.5	25.2
2005	27.7	13.2	74.5	88.5	2.5	8.0	36.7
2006	71.5	19.0	209.1	127.4	27.3	59.1	12.1

注：ABS には MBS を含まない。欧州とは、ユーロ域とイギリスを意味する。データは、アメリカの財務省の TIC のデータにもとづいて、スタッフの推計によって作成されている。
出所：バーナンキ＝バータウト＝デマルコ＝カミン（2011）、screen reader version.

前田、補足）ネットの貸付の増加は、主に欧州の銀行のアメリカ支店から欧州所在のオフィスに対するものである。……欧州の銀行のアメリカ支店は、危機の最初の一年間である 2007 年 8 月から 2008 年 8 月に 4500 億ドル超の資金を対外供給した。さらに、この新規貸付のほとんど全部が、同一銀行間、場合によっては本店に対するものであった。危機が始まる前の数年間、多くの欧州系の銀行は、SIV（structured investment vehicles）を含めて、100 を超える特別目的事業体（SPV）を抱えていた。これらの事業体は、数百億ドルにも達する資産担保証券（ABCP すなわち資産担保 CP を含む）をアメリカで発行していた。2007 年の秋に ABCP 市場が麻痺してしまうと、欧州の銀行は新規のドル調達が不可能になっただけではなく、当該市場でのロールオーバーができなくなった CP や中期債を 2007 年末から 2008 年初めにかけて、返済困難になってしまったのである。CP を裏付けてい

第 5 章　アメリカの国際資金フローの新局面

た資産の多くが非流動的であったため、欧州の銀行はドルの調達のために他の資金源泉を探さなければならなくなった。流動性にプレミアムが発生し、為替市場も様々な要因から困難な状況になっていた、まさにその時に、欧州の銀行からの巨額な需要が、ドルに加わったのである。」(同上、2009, p.A158)

　こうした事態に対して、日米欧の通貨当局はスワップ協定によるドル供給の枠組みを作ることとなった。危機は次に、アイスランドと東欧など周辺国に波及していった。
　金融立国を目指して大量の外資を受け入れていたアイスランドでは金融機関から資金の流出が続き、経済規模に比して対外負債が大きいとの不安から、ハンガリーでも危機が起り、IMFとEUは救済に乗り出すこととなった。こうした東欧の一連の危機の過程で、それらの通貨の為替レートが急落したことはいうまでもない。さらに、欧州の危機はギリシャなどの財政危機という新たな段階にも突入していった。もともとギリシャは、ユーロに参加する際の財政状況を偽って申告するなど、財政問題を抱えていた。サブプライム・ローン危機以後の世界的な不況で歳入が落ち込み始めると、そうした問題が露呈することとなった。この問題は、ギリシャなどの国債を保有している欧州の金融機関の経営に対する不安感をあおることとなったのである。ギリシャ、ポルトガル、スペインなどユーロ加盟国の財政不安は、ユーロの為替レートにも影響を与えるとともに、安全資産としてのアメリカの財務省証券への投資を堅調にさせる要因ともなった。
　このように、直接的あるいは間接的に、サブプライム・ローン危機は欧州の危機へとつながり、ドルのレートが暴落したり、アメリカへの資本流入が停止したりする事態が回避されたともいえよう。
　以上のように、サブプライム・ローン危機から世界金融危機の過程で、ドルの為替レートへの信頼が根本から揺らがなかった理由として、アメリカの金融収支が資産・負債の両方で縮小したという並行性の問題に加えて、ドルの流動性不足に対するドル需要、さらに、危機がアメリカにとどまらず、欧州にも拡

大したこともあるといえる。

補足　TIC データにおける資産担保証券について

アグリゲートデータにおける、社債 (corporate bond) について、アメリカの財務省ホームページの FAQs では次のように説明されている[51]。サブプライム・ローン危機が顕在化する直前に、アメリカへの資本流入のかなりの部分が、資産担保証券であった様子が示されている。

「質問：　モーゲジ担保証券や他の資産担保証券は TIC データに含まれていますか？
回答：　はい。モーゲジ担保証券や他の資産担保証券は、アメリカ証券の外国人による保有に関する年次サーベイに含まれています。さらに、資産担保証券の取引は、長期証券に関する TIC データに含まれています。直近のサーベイ報告である『2006 年 6 月のアメリカ証券の外国人によるポートフォリオ保有』の表 4 では、次のことが示されています。すなわち、その時点で、アメリカの政府機関債（長期）を外国人が保有している残高のうち、およそ 39% が資産担保証券であり、さらに、外国人によって保有されている長期の民間企業の債務証券のうち、およそ 29% が資産担保証券です。2006 年の 6 月のサーベイの表 8 では、民間企業が発行したモーゲジ担保証券と、民間企業が発行した他の資産担保証券の違いの詳細を初めて追加して示しました。2006 年の 6 月時点で、民間企業発行のモーゲジ担保証券の外国人による保有額は 3410 億ドルに達し、その金額は民間企業発行の資産担保証券総額のおよそ 57% になります。TIC の S フォームでは、たしかにクロスボーダーの資産担保証券の取引は含まれていますが、月次の TIC の S データでは、資産担保証券の取引と他の長期の政府機関債および企業債務証券との区別は、明らかではありません。さらに重要なことは、TIC フォーム S では、資産担保証券の保有者に対して満期前に定期的に（しばしば月次で）支払われる元本返済額が、捕捉されていないことです。そのため、データ利用者に気をつけていただきたいのは、TIC フォーム S のデータにこうした満期前の元本返済額が取り込まれていないことを考慮しないと、外国人保有のアメリカ証券の額を過大に見積ってしまうことです。こうした観点から TIC の利用者の便宜を図るため、ニューヨーク連銀は、

2002年の7月から、外国の資産担保証券保有者に対する月々の元本返済額を推計して公表しています。これには、政府機関の資産担保証券の公的筋の保有分に対する返済も含まれています。こうして推計された修正値、および、修正値を計算する手法を含めて、詳細は次のURLを参照してください。

www.treas.gov/tic/absprin.html

　TIC取引データのうち、外国の債券の売買についても、外国の資産担保証券が含まれていると想定されています。『2005年末、外国証券のアメリカによるポートフォリオ保有』の表23では、アメリカ投資家が保有するすべての外国の長期債務証券のうち、13％が資産担保証券であることが示されています。これは、2001年の12月のデータと比較すると、1％弱の増加です。」

第3節　アメリカへの資本流入の地域別・形態別変遷

　2000年代のアメリカへの資本流入の構造が、サブプライム・ローン危機後の金融危機でどのような変化をみせたのかを地域別・形態別に本節では明らかにする。2000年前後の状況をまず確認しておこう。
　アメリカの国際収支の地域別データが、多くの途上国も含めて入手可能になるのは1999年以降である。1999年のアメリカへの資本流入を総計と主要な地域別で比較してみよう。表5-4、表5-5は、1999年のアメリカの国際収支である。ただし、アメリカの有価証券には、財務省証券を含まない。経常収支の赤字総計3017億ドルに対して、日本と中国でおよそ1533億ドルと半分に達している。日本と中国を含めて、アジアと大洋州計でアメリカの経常収支赤字の3分の2を占めていることがわかる。アメリカへの資本流入では、7422億ドルの外国の対米資産増のうち、欧州が最大で4671億ドルを占めており、その半分は対イギリスである。
　このように、1999年段階では、アメリカの経常収支赤字は日本と中国を中心としたアジア、資本流入では民間資本による欧州特にイギリスからのものが

表 5-4 アメリカの国際収支

	総計	欧州計	イギリス	ラテンアメリカ、他の西半球計	カナダ	メキシコ
経常収支	-301,656	-53,919	-18,436	-20,383	-11,384	-29,305
貿易収支	-336,171	-55,726	-1,021	-27,358	-34,324	-23,783
所得収支	11,931	-11,257	-22,509	6,959	17,589	-2,665
資本収支	-4,176	-38	0	-4,121	2	0
アメリカの対外資産	-504,062	-316,762	-165,083	-109,676	-14,425	-7,985
外国の対米資産	742,210	467,120	236,728	99,246	58,535	432
公的資産	43,543	-11,755	n.a.	-6,023	1,959	n.a.
民間資産	698,667	478,875	n.a.	105,269	56,576	n.a.
直接投資	289,444	223,405	108,567	16,929	26,367	1,273
有価証券（財務省証券を除く）	298,834	197,465	122,720	56,414	15,863	1,555
統計上の不突合	67,684	-96,401	-53,209	34,934	-32,728	36,858

出所：U.S., Bureau of Economic Analysis のデータより作成。

大きい。ただし、財務省証券を含まないデータなので、財務省のデータで補足すると、データが入手可能な2000年3月時点での財務省証券（Treasury billを除く）の外国による保有残高は、総額8843億ドルで、そのうち最大の保有国は日本の2212億ドル、次いでイギリスの734億ドル、中国の711億ドルの順である。

このように、1999年段階では、アメリカへの資本流入の主体としては、経常収支の黒字国であるアジア、特に日本と中国、そして欧州が大きいことがわかる。こうした状況は、2000年以降からサブプライム・ローン危機の前までに、次のような変化を遂げていた。まず、中国が巨額の経常収支黒字を積み上げ、ドル買い介入によって世界最大の外貨準備を持つにいたる。一方で、日本

第 5 章　アメリカの国際資金フローの新局面

（単位：100 万ドル）

アジア、大洋州計	日本	中国	OPEC
-216,011	-80,517	-72,739	-14,285
-207,706	-74,420	-68,741	-21,727
-22,661	-19,913	-4,120	518
-1	0	-1	0
-55,018	-40,543	-2,604	1,485
80,418	24,902	15,121	8,933
60,111	n.a.	n.a.	1,059
20,307	n.a.	n.a.	7,874
15,876	11,555	39	315
29,942	17,200	2,153	1,970
190,612	96,158	60,224	3,866

はアメリカの金利が本格的に上昇を始める 2004 年 3 月以降は、大規模なドル買い介入を実施していない。つまり、2000 年代以降の中国、そして、アジア金融・通貨危機以後に外貨準備を増加させた東南アジア諸国が、公的準備としてのアメリカへの資本流入を増加させてきたといえる。

　また、すでに説明したように、欧州特にイギリスからアメリカへの民間資本流入では、金利差を背景にして 2000 年代に財務省証券や政府機関債にとどまらず、企業の債券特に資産担保証券が大きく伸びていた。そのためのドルの調達を欧州系の銀行は、ドル建ての CP や CD の発行などでまかなっており、それに対応するアメリカから欧州への対外資本流出が、有価証券や銀行勘定の部分で発生していたのである。

では、2007年以降はどうであろうか。第一に、アメリカの経常収支についてである。2007年以降、経済危機による輸入の減少によって、アメリカの経常収支赤字は大幅に縮小した。アメリカの経常収支赤字総額に対する地域別赤字の比率が、5％を超えるデータを2000年以降にみせている国の中で、アメリカの経常収支赤字の減少に最も貢献した3ヵ国は、中国とカナダと日本である。カナダに対しては、2008年後半からアメリカの経常収支は黒字になっている。金融危機の影響が大きくて不況が続くアメリカと、相対的に影響が小さかったカナダとの違いが現れている。中国に対しても、変動が激しいものの、やはりアメリカの不況と比較して中国の成長率が高かったため、経常収支赤字が減少している。

　第二に、直接投資についてである。アメリカへの対内直接投資については、2009年の第1四半期に大きく減少しているが、それ以外では顕著な変化はうかがえない。同時期に対米直接投資を大きく減らしたのは、EUと日本である。

　第三に、アメリカの証券投資についてである。サブプライム・ローン危機前には、欧州からの投資が巨額であったが、大きく減少している。同時に、アメリカ・民間からの対外証券投資も縮小して黒字に向かっている。すでに説明した、アメリカの国際資金フローにおける資産と負債の並行性である。ただし、アメリカへの証券投資は、2007年の後半から急激に減少しているが、アメリカからの対外証券投資は、2007年の後半に減少を始めただけではなく、2008年の後半に急激な減少を示している。その原因は、アメリカのサブプライム・ローン危機が欧州に波及して、欧州の金融危機に発展していったことである。たとえば、2008年の第3四半期に、アメリカ・民間からの対外証券投資は、総額で1154億1000万ドルの黒字（売越し）であり、2008年の第2四半期に48億2000万ドルの赤字であった状況から大きく変化している。2008年の第2四半期にアメリカが大きく売り越している地域としては、欧州が899億4000万ドル、そのうちユーロ域が875億6000万ドルである。同時期において、アメリカの黒字が次に大きい地域は、アジア・大洋州であり(52)、アメリカにとって279億7000万ドルの黒字である(53)。

第5章　アメリカの国際資金フローの新局面

　このように、2008年の後半から2009年における欧州地域特にイギリスのマイナスが顕著である。ところが、ラテン・アメリカと日本からは、2009年以降にはアメリカの有価証券の買越しが発生している。つまり、持ち手の変換が起ったといえる。欧州からのアメリカの民間証券の売却は、欧州の金融危機によるドルの流動性不足に対する対応であるとともに、新たな自己資本比率規制やストレス・テストに備えて、バランスシートの健全性を向上させようとの動きによるものである。

　第四に、アメリカ所在の銀行（投資銀行を含む）と証券ブローカーの対外債権（フロー）については、2009年の前半に急激な増加がみられる。これは、すでに説明したように、欧州の銀行がドルの流動性危機に陥ったことに対して、在米の欧州系銀行および米銀が、欧州特にイギリスにドルを供給したからである。この時期、ドルの流動性危機がいかに深刻であったかがうかがえる。

　以上、サブプライム・ローン危機以後のアメリカの国際資金フローのいくつかの特徴を地域別に示した。アメリカの財務省証券に対する投資は、株式や社債に対する投資と異なる傾向が起こっているので、若干補足しよう。サブプライム・ローン危機後にドル買い介入を実施した主な国は、中国、ブラジル、スイスである。また、イギリスからの財務省証券への投資も増加傾向にあるが、この背景は、各国の通貨当局や民間金融機関がイギリス経由で財務省証券を購入していることなどであろう。質への逃避ゆえに、社債や株式から財務省証券に乗り換えたケースがあったと思われる。また、金融機関へのストレス・テストやバランスシートの健全性に対する規制が強化されるとの見通しに対して、金融機関が財務省証券を買い増したことも表れている。財務省証券については、ドル買い介入を実施している国、および、イギリスからの投資が大きいという、2007年までの傾向が大きく崩れてはいないようである。

第4節　結論

　サブプライム・ローン危機後のアメリカの国際資金フローでは、資金がアメリカから中長期的に他の地域に行き先を変えるといった変化は、必ずしも起っていない。また、売買額（アグリゲート）レベルでは、アメリカの社債と政府機関債では、買いと売りのバランスが大きく崩れたが、財務省証券と株式では安定していた。アメリカの経常収支の赤字は大幅に減少したものの、それはアメリカへの輸出を成長の梃子にしている途上国にとって景気を悪化させる要因であり、アメリカにとっても、不況を長期化させかねない問題であろう。証券投資については、欧州からの対米証券投資が大幅に減少した時期もあったが、同時期に日本とラテン・アメリカから、対米証券投資が増加していたことが判明した。アメリカからの対外証券投資では、社債への投資が大幅に減少したが、株式については比較的安定している。銀行勘定では、欧州特にイギリスへのドルの流動性供給に伴う資本の流出が顕著であった。ただし、全体的に、欧州からの民間証券への投資は減少を続けており、2007年以前のレベルにはいまだ回復していない。

　以上から、サブプライム危機後のアメリカの国際資金フローは、次の点で2007年以前と変化していないといえる。すなわち、直接投資と株式と財務省証券については、ネットでは安定的な資本の流入が起っており、アメリカからの対外投資でも、直接投資と株式については、急激な変化は起っていない。この点では、アメリカの国際資金フローは、大きな金融危機にもかかわらず、安定的な性質を持っている。ただし、株式については、大口投資家は長期にわたって安定的に株式を保有し続ける傾向もあるため、債券に対するような大きな変化がすぐには現れないが、アメリカと世界の成長が長期にわたって低迷する場合には、株式投資についても、アメリカの資産・負債の両側で、投資の縮小が起る可能性もある。

第5章　アメリカの国際資金フローの新局面

　次に、2007年以降のアメリカの国際資金フローは、次の点でそれ以前と異なっている。すなわち、全体として、対外資産と対外負債が、並行して縮小している。経常収支赤字は大幅に減少している。また、アメリカの社債と政府機関債に対する投資は大幅に減少しており、その分、財務省証券への投資に振り替わった動きも起っていた。特に、ドル買い介入の結果、いくつかの国でアメリカの財務省証券への投資が増加していた。さらに、2008年以降、欧州地域がアメリカ・民間の有価証券を大量に手放しているが、日本とラテン・アメリカからの買いが入っている。つまり、持ち手の変換が起っている。しかし、民間証券への資本流入全体としては、2007年以降に大きく減少したままである。

　このように、サブプライム・ローン危機以後のアメリカの国際資金フローは、大きな変化が起りつつあるとの兆候とともに、致命的な崩壊が起ってはいないとの判断も可能なであるといえよう。

　今後、アメリカの低成長と途上国などの高成長が続けば、アメリカの対外投資が伸びつつも、アメリカへの資本流入が減少する事態が、恒常化する可能性は否定できない。ストックレベルでは、対外負債残高特に財務省証券の海外保有比率が高く、しかも特定の国に集中していることが、構造的な問題として指摘できるであろう。1987年に、ドイツの通貨当局がドル安定化に非協力的であることを嫌気して、日本の機関投資家がアメリカの財務省証券を売り浴びせたことがブラックマンデーの引きがねになったように、特定の国々の保有比率が高まることは、突然の相場の乱高下を引き起しかねない。

終 章

 本書の第4章までは、1980年代初頭から2007年のサブプライム・ローン危機が始まる以前の時期について、アメリカの国際資金フローの構造がどのようなものであったのかを明らかにし、さらに、その構造が形成された経緯と展開を分析した。次に、第5章では、サブプライム・ローン危機以後の金融危機で、その構造が変化したのかどうかを概観した。2007年以前の経緯・展開について明らかとなったのは、以下である。

 第一に、アメリカへの資本流入は、1980年代のアメリカの高金利・ドル高政策、および、主要先進国の直接投資と世界貿易の拡大を起点としていた(第1章)。さらに、1990年代以降の世界各国での金融規制緩和・グローバル化によって、アメリカへの資本流入はさらに増加した(第1章)。さらに、金利差による私的レベルと公的レベルの資本流入、および、対米経常収支黒字を計上してきた国々、特に日本、ついで、新興工業経済地域、さらに、中国を筆頭とするBRICsからの公的レベルの資本流入も、1980年代以降増大していった。

 また、2000年代中頃の米長期金利の低位安定とそれによる住宅バブルは、政府機関債や不動産関連の資産担保証券をアメリカで大量に生み出し、欧州を

中心にして、ドルの借入れにもとづく対米証券投資も盛んであった（第5章）。それらの結果、経常収支赤字を上回る金融収支の黒字をアメリカは達成し、経常収支赤字の持続可能性問題をクリアしてきた（第4章）。

　第二に、アメリカの対外投資については、1980年代までは直接投資が主な形態であったが、1990年代の後半から、各国の金融規制緩和と取引コストの低下を受けて、株式投資が活発化していく。その投資先は、残高としては先進国が大きいものの、2000年代の伸びとしては、途上国が大きくなっている。アメリカの対外株式投資をこのように突き動かしてきた要因の一つは、投資先の国々における直接投資の受け入れの伸び、その結果としての高い実質経済成長率である（第3章）。そして、アメリカの対外株式投資の収益率は、アメリカの対外負債に対する利子・配当の支払い負担の率よりも一貫して高く、アメリカの所得収支を長期にわたって黒字にして、アメリカの経常収支赤字と対外負債残高の持続可能性問題をある程度、軽減してきた（第3章、第4章）。

　このようなアメリカの国際資金フローの構造は、サブプライム・ローン危機とその後の世界金融危機を経て、新たな側面もみせ始めている（第5章）。まず、アメリカの経常収支赤字が減少した。また、アメリカの社債と政府機関債に対する投資も減少しており、その分、財務省証券への投資に振り替わった。特に、ドル買い介入の結果、いくつかの国でアメリカの財務省証券への投資が増加していた。さらに、2008年以降、欧州地域がアメリカの民間部門の有価証券を大量に手放しているが、日本とラテン・アメリカからの買いが入っていた。つまり、持ち手の変換が起こったのである。

　しかし、株式と直接投資については、アメリカの対外投資もアメリカへの対内投資も、社債や政府機関債ほどの大きな変化が起っていない。財務省証券については、民間の有価証券よりはまだ安全であるとの投資家の判断、および、新たな金融規制を見越しての金融機関によるリスク資産の圧縮ゆえに、アメリカへの資本流入は堅調である。さらに、銀行勘定については、ドルの流動性需要、特に、欧州へのそれに対する対外貸付が増加した。

　このように、アメリカへの資本流入やアメリカからの対外投資が完全に枯渇

するような事態は起っていない。しかし、アメリカの国際資金フローは、資産側と負債側のいずれにおいても、かつての圧倒的な規模から較べると収縮したのは事実である。

　そこで、最後に、本書で明らかにしたアメリカの国際資金フローの構造とその展開が、ドルの基軸通貨性や国際金融システムに対して持つインプリケーションに言及しよう。

　ドルの基軸通貨としての機能については、公的国際通貨としてのそれは、中国など特定の国と地域に集中している。公的国際通貨の機能のベースである基準通貨としてのドルの機能は、各国の対米貿易依存度などによって規定されている。アメリカの低成長が長引き、世界最大の消費国としての性質が薄まれば、対米貿易依存度が、途上国を中心として低下することを意味している。また、私的な資産通貨としての基軸通貨の機能は、財務省証券を除けば、金融のグローバル化の進展とともに、1990年代以降にはすでに低下していたと思われる。

　基軸通貨には、このような機能的な側面とともに、信認と流動性という性質も付随している。信認と流動性の問題は、有価証券にとどまるものではないが、アメリカの有価証券についていえば、2007年以降の状況は、こうした性質も大きく揺らいできたといえよう。特に、アメリカの財務省証券以外の債券に対しては、欧州を中心として外国からの購入が急減していた。これが単に、一時的なホーム・バイアスの高まりなのか、それとも国際的な資金フローの長期にわたる収縮を意味しているのかは、判断が分かれるところである。

　しかし、バーゼルⅢを始めとする金融機関の健全性維持の強化政策は、外国の大手金融機関のアメリカ・民間部門への投資を変化させる要因となる可能性がある。このことは逆に、アメリカの社債や株式に比較すれば、財務省証券に対しては、国際的な投資が、ある程度継続する可能性を物語っている。しかも、アメリカはGDPの規模では相変わらず世界最大の先進国であり、ドルに代わって基軸通貨機能を果しうる通貨も存在しない。2007年以降も、アメリカはドル防衛策を講じず、他の国々が折に触れてドル買い介入をした場合もある。アメリカがドルのレート維持のため、国内の事情を犠牲にして、金利を上げるな

どの措置を取る段階にはいたっていない。すなわち、ドルの基軸通貨性がいきなり失われるような必然性が顕在化しているとはいえないであろう。しかし、以上のことを言い換えれば、財務省証券への外国からの投資は、ドルの基軸通貨性にとって、要の問題になってきているということである。

基軸通貨の機能や性質以外にも、アメリカを中心とした国際資金フローの構造変化は、世界経済の動向に影響を与える可能性がある。2000年代の中頃には、たとえば、アメリカへの資本流入は、アメリカの長期金利を一層低下させ、住宅価格の上昇に寄与し、個人消費も活発化させた。さらに、資本流入はアメリカの経常収支赤字を持続可能にし、途上国は対米輸出を成長の梃子にしてきた。その結果、途上国は外貨準備特にドル準備を獲得し、公的レベルでのアメリカへの資本流入を形成することとなった。そして、途上国のこうした高成長に対しては、アメリカから株式投資が行われ、アメリカの産業・企業は高い投資収益を享受してきた。つまり、アメリカの国際資金フローが、グローバル化した国際金融システムの中に、深くビルトインされていたと形容できるであろう。こうした構造は、2000年代以降に特に明瞭に現れたものである。

その構造はサブプライム・ローン危機と世界金融危機によって、本質的に崩壊してしまったのであろうか。それとも、一時的な後退が起ったにすぎず、いずれは旧に復するのであろうか。こうした問題には、様々な要因が複雑に絡み合って影響するであろう。とりわけ、2014年秋には、アメリカは量的緩和政策を終了した。その結果、アメリカへの資本流入が再び増勢となっており、アメリカを軸とした国際資金フローの構造が、ある程度復活したようにもみえる。序章で示したように、国際資金フローの中軸にアメリカが位置した要因は、アメリカと諸外国との金利差、および、途上国への各国からの直接投資であった。量的緩和を終了して金利が上昇基調にあるアメリカに対して、欧州は量的緩和政策を2015年の初めに導入した。日本の量的・質的緩和政策も続いており、アメリカは日欧に対して高めの金利を維持しそうである。また、直接投資、すなわち、企業のグローバルな展開は世界金融危機の影響をそれほど受けておらず、これからも続くであろう。こうした意味で、2007年以前のアメリカを

めぐる国際資金フローの構造は、本質的には変わっていない。

　しかし、新しい変化が、静かに胎動を始めたようにもみえる。第一に、松浦（2015、198頁）が指摘するように、低金利のドルを調達して新興国に投資するキャリー・トレードが常態化していることである。これが意味しているのは、通貨・金融危機のマグマとしての通貨と満期のミスマッチ問題が、起こりつつあるということである。第二に、日本がアメリカ型の国際金融仲介の構造を示し始めていることである。たとえば、日本の産業・企業は中小にいたるまで、東アジア諸国の経済発展の波に乗るべく、対外直接投資とりわけM&Aを活発に行っている。直接投資先の国々と日本の貿易は今後も増大するだろう。さらに、日本企業は、直接投資からの収益が大きくなりつつあり、利子・配当の受取りも含めた第一次所得収支の黒字はすでに巨大である。すなわち、日本の国際収支は、アメリカ型の国際収支に近づいてきている。もちろん、日本にはアメリカのように外国からの対内直接投資が大きくはない。そうした違いはあるものの、第一次所得収支の巨大化という特徴は顕著になっている。アメリカは、今後も国際金融仲介において、中軸的な役割をある程度果たすと思われるが、日本や欧州のいくつかの国々も、近似した性質を帯びつつある。そうした意味で、国際資金フローはより重層的な構造になる可能性をみせている。

注

1 1976年に国際収支表の改訂が行われるまでは、経常収支に長期資本収支（政府長期資本、直接投資、その他民間長期資本）を合計したものが基礎収支とされていた。また、基礎収支に政府短期資本、民間短期資本、SDRの割当、誤差脱漏を加えたものが総合収支（純流動性収支）である。
2 もう一つの要素は、ドルの基軸通貨性、すなわち、信認や流動性といった基軸通貨としての特徴、および、為替媒介通貨や準備通貨といった基軸通貨としての機能である。
3 ドルの基軸通貨としての機能の中では、取引通貨および為替媒介通貨としてのそれが最もきわだっている。しかし、アメリカの国際資金フローの変化によって影響を受ける機能としては、ドルの準備通貨や資産通貨としてのそれも重要であろう。たとえば、アメリカへの資本流入が長期的かつ構造的に減少するような事態が起これば、ドルの信認が低下して、準備通貨や資産通貨としてのドルの機能が侵食されることもありうる。本書は、ドルの基軸通貨としての機能や特徴そのものを直接には対象としないが、こうした問題を念頭に、必要に応じてドルの基軸通貨としての機能や特徴に言及する。
4 Committee on Finance and Industry（1931, p.112, p.125、邦訳、90頁、100頁の表）.
5 国際収支統計では、対外資産と負債の増加（減少）は、プラス（マイナス）で表記されている。本書の記述とデータ・グラフは、原則としてその表記法にそっている。なお、ここでいう金融収支とは、対外資産の変化額から対外負債の変化額を引いたものである。
6 金利差については、第2章で詳細に検討する。
7 直接投資の波は、アメリカだけにとどまらない。プラザ合意以後のドル安・自国通貨高とアメリカ企業の直接投資攻勢にさらされた他の先進国、とりわけ日本企業は、アジアを中心にした海外進出を1980年代中ごろから活発化した。また、欧州では欧州統合の深化・拡大と中東欧の社会主義の崩壊によって、欧州域内での直接投資がとくに1990年代以降に、顕著に拡大してゆく。
8 外国の国債・地方債など、内訳は不明。

9 しかし、その後の展開をみると、直接投資を受け入れた途上国ほど、アメリカからの株式投資の伸びが大きい。直接投資と経済成長とアメリカからの株式投資の相関については、第3章で詳細に検討する。
10 IMM 先物ポジションの分類で、non-commercial は「投機的（投機筋）」と訳されていることもあるが、以下では非商業筋との訳を使う。
11 分析のソフトは、E-Views の Version 7.1 を利用した。
12 CFTC のホームページ（http://www.cftc.gov/index.htm）から、Market Reports ⇒ Economic Analysis ⇒ This Month in Future Markets ⇒ Commitments of Traders のリンクに移動し⇒Historical Compressed⇒Future only Reports とたどったものである。なお、データへのアクセス期間は、2010 年 12 月 2 日から 2011 年 2 月 3 日である。
13 アメリカは 2010 年の 6 月まで、量的緩和政策の第一弾を行っている。
14 IMF による同表の作成方法は、2009 年に変更されている。サブプライム・ローン危機が起こる前を対象としているため、本章では旧来の分類表を利用した。2009 年の変更の詳細については、井澤（2010）を参照。また、2004 年の為替制度の分類を利用する理由は、相関係数の分析時期が 1999 年 1 月から 2006 年 12 月なので、その中間の時期を見ることが妥当だからである。
15 スイスフランはニュメレールであるため表 2-8 の方法では相関を計算できないので、対 SDR レートをドルの対 SDR レートと比較して計算した。台湾ドルのレートは、IMF のオンラインデータベースから入手不可能であったため、データストリームから入手した対スイスフランレートを利用した。
16 対ドルで為替レートが安定しているだけではなく、長期的に値上がり傾向にあるため、ドル買い介入をしてきた国もあり、そうした国については、対ドル為替レートの相関係数は大きくはならないが、アメリカへの資本流入は大きい。こうした国については、また別の視点が必要である。
17 しかし、2000 年代の中頃までは、アジアにおける直接金融による資金調達は必ずしも順調に進んできたわけではない。三重野（2006）が指摘したように、東南アジアでの資金調達においては、企業は依然として直接投資を重視する傾向が続いた。これは、経済発展における外資依存という途上国に共通する特徴によるものである。とくに、すでにアジアに立地している外資系企業としては、債券発行や銀行からの借入れよりも、親企業からの増資・利益送金・収益の再投資・貸付などの直接投資の方が、低コストで迅速である（三重野 2006）。他に、アジアで直接金融が発展しなかった理由として、永野（2005、第 4 章）は、情報の非対称性を挙げ

ている。すなわち、財務諸表の透明性・公開性における未発達とそれゆえの格付けの不明確さ、倒産法制の未整備などによって、企業の経営状況について正確な知識が得られず、デフォルト時の権利関係も不明確なため、投資家が株式や債券に投資したくても十分な情報を持つにいたっていないのである。そのため、ASEAN4においては、債券発行で資金調達ができるのが、大企業に限定されてきたことを永野（2005、第4章）はみいだしている。

18 単位がドル建てであるため、各国通貨の対ドルレート変化を調整の対象とした。具体的には、2005年末の各国通貨の対ドルレートを各年に仮定したデータへと変換している。ユーロ誕生前と後のデータが併存しているため、ユーロ導入時のドイツとフランスのユーロ換算レートを元に、両通貨のレートを想定した。

19 本節では、欧州先進国から中東欧への直接投資を念頭に入れて説明しているが、もちろん、日米から欧州への直接投資、欧州からアジアへの直接投資も活発である。

20 クロアチアが2013年にEUに加盟しているが、2007年までが本章の対象時期なので、当時としては27ヵ国である。

21 EUROSTAT (2008, p.29) でいうアジアとは、湾岸諸国を含む中近東、中国、香港、インド、インドネシア、日本、韓国、シンガポール、台湾である。図では、その中から中近東と日本を除外して「アジア」と表記し、中近東と日本は別に示している。

22 なお、次の各国の直接投資の受け入れ残高は、すでに述べたようにここでは、アメリカからのみではなく世界中からの受け入れ残高のデータである。

23 以下の検定はすべて両側である。

24 アメリカのBureau of Economic Analysisからのデータによる。データはヒストリカルコスト・ベースで、為替レートの調整がない場合。(http://www.bea.gov/iTable/iTable.cfm?ReqID=2&step=1#reqid=2&step=1&isuri=1、2013年4月18日アクセス)。

25 ウォーノック＝ウォーノック（2005, 2006）参照。

26 直接投資には、非可逆性と集積効果があるといわれている。古典的な投資理論では、プロジェクトから得られる期待キャッシュフローの割引現在価値が、そのプロジェクトのコスト以上であれば、投資が行われる、と前提していた。それに対して非可逆性モデルでは、流動性の高い証券投資と異なり、実物的な投資は、一度投資されると、撤退には損失や多大のコストを伴うため、コストを期待キャッシュフローの割引現在価値が、ある程度上回っていなければ投資は行われない、と前提する。このことは、逆にいえば、一度行われたプロジェクトは、少々の状況変化が起こっても継続される傾向を持つことを意味する。

27　なお、以下でいう対外リターン（率）とは、対外資産や対外負債に対する企業収益・利子・配当などの受払い（の率）である。
28　この問題を検討した先行研究としては、たとえば、ブラウン（2006, p.123）、邦訳、154～155頁を参照されたい。なお、発散という場合、実体経済たとえばGDPの自然な実質成長率に見合う程度のコンスタントな増加が続く場合は除くこととする。
29　ここでは、対外負債や対外資産に対して行われた支払いが、国内に還流するというよりも対外負債や対外資産に付け加わってゆくと仮定している。
30　以下の推計は、基本的に竹中政治（2012）の第1章の考え方に依拠している。
31　この仮定は、表4-1の説明をわかりやすくするための便宜的なものに過ぎない。実際の過去10年間のデータによる平均値については、後述する。
32　対米経常収支黒字を計上した国の通貨当局が、外貨準備として財務省証券を保有する場合などでは、アメリカの経常収支赤字が原因で対外負債残高が増えたのであって、アメリカの財政や財務省証券それ自体が原因ではない。そのため、ここでは、財務省証券に対する利払いに焦点を当てている。
33　しかし、財務省証券の大量発行が続いている時期は、軍事支出や急速な高齢化に対する社会保障関連費など特別な事情を別とすれば、アメリカが不況のときである。つまり、アメリカの輸入は減少しており、その分、経常収支赤字は減ってゆくので、対外負債残高の増加が減殺されることになる。
34　フェーズⅢは、2007～2009年の世界金融危機の発生直後、極めて短期間にアジアを中心にみられた現象である。フェーズⅡとⅢは、一種のビナイン・ネグレクトであるといえよう。プラザ合意は、ドル高を是正するための国際協調であり、この分類のどこにも含まれない。ルーブル合意も、プラザ合意による行き過ぎたドル安をとどめるためのものであり、ここには分類不可能である。
35　各国でIMFの国際収支マニュアル第6版に基づき、対外資産・負債の増加（減少）は、いずれもプラス（マイナス）と表記されることになった（つまり、対外資産の符号が、それ以前までとはプラス・マイナスが逆）。また、アメリカの国際収支統計では、金融収支部分の対外負債の内訳において、対民間と対公的部門の区別が廃止され（2015年1月5日現在）、区別がある旧来型のデータは別表という形で2003年以降について提供されている。ここでの本章の論旨では、対民間と対公的部門の区別を2003年以前から見ることが重要であるため、アメリカの国際収支統計サイトの中から、この旧来型として公表されているものを利用することとする。ただし、グラフでは、最新版の表記に従い、対外資産と負債の増加（減少）はプラス（マイナス）で表記する。

36 こうした概念の先駆的な整理は、奥田宏司（2009、201〜203頁、211頁、他）の両建での国際マネーフローの指摘によるものである。

37 表4-4と同様に、対外資産・負債の増加がプラス、減少がマイナスで表記されている。収支は、対外資産マイナス対外負債である。

38 2004年のこうした特異な現象については、西岡慎一・馬場直彦（2004）が円転コストのマイナス化の視点から詳細に分析している。そこでは、ドル調達に困難をきたした邦銀が、直物ドル買・先渡しドル売の直先スワップ取引を外銀相手に行った様子が説明されている。つまり、アメリカの国際収支の立場からすれば、銀行部門での両建ての貸付が日本に対して発生したのである。これが、2005年に急速に解消していったため、アメリカの金融収支において、銀行部門のグロス対外債務の急激な減少が起ったのである。

39 巻末の参考サイトのアドレスを参照されたい。

40 ちなみに、ドルの対ポンドレートを調整して確認したところ、この対イギリスの対外資産の落ち込みは、為替レート変動によるデータの歪みではない。

41 以下の *Survey of Current Business* の January と July の該当記事の執筆担当者は、Douglas B. Weinberg, Kelly K. Pierce, Renee M. Sauers である。

42 バータウト＝パウンダー（2009、p.A148）は、2008年の後半に、外国公的部門も含めて、アメリカへのネットの証券投資が経常収支赤字の額を下回ったことを指摘している。

43 以下の図表ないしデータについては、参照の意味から、2011年春以降も掲載されている場合がある。

44 カイユ＝グリフィス・ジョーンズ（2003）についてのさらに詳しい説明は、前田（2006）を参照。前田（2006）では、彼らのヴォラティリティー係数を参考にして、アメリカの対外債務残高（対各前年末）に対する資金フローの絶対値の標準偏差でヴォラティリティーを計測しており、対欧州で2000年代に係数が高まっていることを明らかにしている。

45 グルーベル・ロイド指数は、周知のごとく、産業内貿易の程度を表す指標であり、1-|輸出 - 輸入|/（輸出 + 輸入）で表される。このように絶対値を使うと、買いと売りのどちらにバランスが崩れたのかをみることができなくなるため、本書では絶対値を使用しない。なお、「1 －」部分を含めるどうかは、本質的な問題ではない。含めれば、売りのみに偏った場合2、バランスすれば1、買いのみに偏れば0となる。

46 ただし、以下で説明する時期には、FRBによる量的緩和策が行われていた時期

注

    が含まれることに留意する必要がある。

47 なお、以下の TIC のデータは、アメリカからみて外国の投資家とアメリカ居住者の間の売買であり、外国の投資家同士の取引は含まれていない。また、データには、外国の公的機関による取引が含まれている。ただし、財務省証券には Treasury bill は含まない。

48 財務省証券の利回りには単位根があるため階差を取った。

49 欧州の金融機関のドル調達において、MMF が果たした役割は非常に大きい。米倉（2009）は、「MMF は欧州の銀行が発行する CD、CP 購入を通じ、あるいはレポ取引を通じ、欧州の金融機関に対するドル流動性供給の重要な経路となって」いたことを指摘している（米倉、2009、33 頁）。岩野（2011）も MMF の役割を強調している。

50 この点については、米倉（2009）も強調している。

51 巻末の参考サイトのアドレスを参照されたい。

52 ここでいうアジア・大洋州の構成国は、オーストラリア、中国、香港、インド、日本、韓国、シンガポール、台湾、その他である。

53 BEA の国際収支データでは、ファニー・メイやフレディー・マックなどは政府系企業（government corporations and agencies）として取り扱われている。そして、「外国・民間部門からの米国への財務省証券以外の証券投資」には、政府機関債への投資額も含まれている。

54 対外債務のフローデータには、どの項目に分類できない数値が合算されており、対外債権のデータと比較できないためここでは利用しない。

55 この点の経緯については、*Survery of Current Business*（2009）, July, p. 63 を参照。

参考文献

日本語文献

赤羽新太郎（2009）「21世紀のグローバリゼーションのゆくえと課題」赤羽新太郎・夏目啓二・日髙克平『グローバリゼーションと経営学―21世紀におけるBRICsの台頭』ミネルヴァ書房、序章。

安部悦生（2009）「国際競争とチャンドラー・モデル」湯沢威・鈴木恒夫・橘川武郎・佐々木聡編『国際競争力の経営史』有斐閣、第1章。

飯島寛之（2005）「『ドル危機』の基本性格とアメリカ為替政策の展開―景気循環の視点から」『立教経済学研究』第58巻第4号、3月、221〜248頁。

伊鹿倉正司（2005）「途上国銀行セクターの発展と外国銀行」東北学院大学『経済学論集』第160号、71〜106頁。

――（2006）「ユーロ市場と国際銀行業」信用理論研究学会編『金融グローバリゼーションの理論』大月書店。

――（2009）「欧州金融統合の最後の難関」東北学院大学『経済学論集』第169号、1月、83〜103頁。

井澤秀記（2010）「IMFによる為替相場制度の分類改訂について」神戸大学『国民経済雑誌』第201巻第4号、4月、43〜52頁。

伊豆久（2007）「ファンド・ブーム下の国際資本市場」『甲南経済学論集』第47巻第4号、3月、69〜93頁。

板木雅彦（2006）『国際過剰資本の誕生』ミネルヴァ書房。

岩崎一郎・菅沼桂子（2007）「EUの東方拡大と直接投資」小川英治（編）『EUスタディーズ2　経済統合』勁草書房、第7章。

岩田健治（2005）「グローバル化・地域統合時代の国際通貨試論」東北大学『経済学』

第 66 巻第 3 号、2 月、55 〜 70 頁。

――（2006）「EU（欧州連合）の新しい金融サービス政策」成城大学『経済研究所年報』第 19 号、4 月、15 〜 41 頁。

――（2007）「グローバリゼーションと為替相場制度」上川孝夫・藤田誠一・向壽一編『現代国際金融論（第 3 版）』有斐閣、第 12 章。

――（2009）「なぜヨーロッパで金融危機が顕在化したのか？」『世界経済評論』Vol.53、No.3、3 月、33 〜 45 頁。

岩壷健太郎（2009）「円キャリー・トレードと世界金融危機」神戸大学『国民経済雑誌』第 200 巻第 5 号、11 月、35 〜 49 頁。

――（2010）「グローバル・インバランスと世界金融危機――円キャリー・トレードによる分析」藤田誠一・岩壷健太郎編（2010）『グローバル・インバランスの経済分析』有斐閣、第 7 章。

岩野茂道（2005）「ドル本位制・再論」鹿児島国際大学『地域経済政策研究』第 6 号、3 月、1 〜 16 号。

――（2011）「ドル本位制の構造」岡本悳也・楊枝嗣朗編著『なぜドル本位制は終わらないのか』文眞堂、第 1 章。

岩本武和（2007）「アメリカ経常収支赤字の持続可能性――キャピタルゲインと評価効果の視点から」『世界経済評論』Vol.51、No.9、9 月、31 〜 40 頁。

浦田秀次郎（2006）「東アジアにおける重層的発展プロセス：貿易と海外直接投資の相互依存関係」河合正弘・深作喜一郎編『開発のための政策一貫性』明石書店。

大溝一登（2012）「2000 年以降の円キャリー・トレードとホームカントリー・バイアスに関する一考察」神奈川大学『マネジメント・ジャーナル』、Vol.4、3 月、99 〜 120 頁。

岡本悳也・松田英明（2007）「グローバリゼーション下のドル本位制――アメリカと開発途上国の相互依存関係」熊本学園大学『海外事情研究』第 34 巻第 2 号、2 月、15 〜 32 頁。

岡本悳也（2011）「揺らぐとも『アメリカ経済』、揺らぐとも『ドル本位制』――『グローバル金融資本主義のダイナミズム』」岡本悳也・楊枝嗣朗編著『なぜドル本位制

は終わらないのか』文眞堂、第 2 章。

小川英治（1998）『国際通貨システムの安定性』東洋経済新報社。

奥田宏司（2010/a）「ユーロと諸通貨間の短資移動の現状―2008 年の為替スワップ市場の混乱もあわせて」『立命館国際研究』第 23 巻第 1 号、6 月、1 ～ 24 頁。

―― （2010/b）「2010 年の世界の外為市場における取引の諸特徴―国際通貨論的な視点での一つのメモ」『立命館国際研究』第 23 巻第 2 号、10 月、163 ～ 183 頁。

―― （2011）「ユーロ決済機構の高度化（TARGET2）について―TARGET Balances と『欧州版 IMF』設立の関連」『立命館国際研究』第 24 巻第 1 号、6 月、1 ～ 29 頁。

―― （2012）『現代国際通貨体制』日本経済評論社。

貝塚啓明・財務省財務総合研究所編著（2012）『国際的マネーフローの研究－世界金融危機をもたらした構造的課題－』中央経済社。

片岡尹（2001）『ドル本位制の通貨危機：国際資金ポンプとしてのアメリカ』勁草書房。

―― （2005）「ドル本位制の反芻」大阪市立大学『経営研究』第 55 巻第 1 号、5 月、1 ～ 16 頁。

―― （2009）「サブプライム危機とドル本位制」大阪市立大学『経営研究』第 60 巻第 2 号、7 月、1 ～ 19 頁。

加藤晴子・福永一郎・山田健（2012）「リスク・リバーサルからみた為替変動へのリスク認識」『日銀レビュー』2012-J-14、8 月。（http://www.boj.or.jp/research/wps_rev/rev_2012/data/rev12j14.pdf、2013 年 2 月 10 日アクセス）

神野光指郎（2005）「1970 年代における邦銀の対外進出とアメリカでの業務展開」福岡大学『商学論叢』第 49 巻第 3・4 号、3 月、421 ～ 462 頁。

―― （2006/a）「1970 年代における欧州系銀行の対外進出とアメリカでの業務展開（上）」福岡大学『商学論叢』第 50 巻第 4 号、3 月、267 ～ 307 頁。

―― （2006/b）「1970 年代における欧州系銀行の対外進出とアメリカでの業務展開（下）」福岡大学『商学論叢』第 51 巻第 1 号、8 月、47 ～ 89 頁。

―― （2010）「1980 年代の国際資本市場における米系金融機関の競争力」大阪市立大学『経営研究』第 60 巻第 4 号、2 月、1 ～ 42 頁。

―― （2011）「1980 年代における金融革新とドル体制の展開」岡本悳也・楊枝嗣朗

参考文献

編著『なぜドル本位制は終わらないのか』文眞堂、第3章。

刈屋武昭・佃良彦編著（1991）『金融・証券数量分析入門』東洋経済新報社。

川野祐司（2005）「ユーロの決済システム『TARGET』の改革」九州経済学会編『九州経済学会年報』第43集、12月、65～71頁。

川波洋一（2004）「金融市場と金融資産」川波洋一・上川孝夫（編）『現代金融論』有斐閣ブックス、第4章。

川本明人（1993）「国際銀行業とユーロカレンシー市場」深町郁彌編『ドル本位制の研究』日本経済評論社、第8章。

関志雄（2005）『中国経済のジレンマ―資本主義への道』ちくま新書。

吉川雅幸（2004）『ドルリスク』日本経済新聞社。

── (2009)『ドルリスク』日経ビジネス人文庫。

木下悦二（2006/a）「世界生産ネットワークをめぐる諸理論について（上）」『世界経済評論』Vol.50、No.7、7月、8～15頁。

── (2006/b)「世界生産ネットワークをめぐる諸理論について（下）」『世界経済評論』Vol.50、No.8、8月、13～21頁。

── (2007)「世界不均衡を巡って―世界経済の構造変化の視点から」『世界経済評論』Vol.51、No.9、9月、23～30頁。

── (2008/a)「21世紀初頭における『金融資本主義』とその挫折(上)」『世界経済評論』Vol.52、No.9、9月、27～39頁。

── (2008/b)「21世紀初頭における『金融資本主義』とその挫折（下）」『世界経済評論』、Vol.52、No.10、10月、43～49頁。

小西宏美（2009）「アメリカ株式市場における自社株買い―擬制資本への投資と利潤の実物資本への不転化」駒澤大学経済学会『経済学論集』第40巻第4号、3月、1～26頁。

小林公司（2005）「新興国への工場移転で空洞化するユーロ圏」『エコノミスト』9月6日号、36～37頁。

坂本正弘（2008）「サブプライム問題とドル体制」『世界経済評論』Vol.52、No.3、3月、8～13頁。

塩沢裕之・古賀麻衣子・木村武（2009）「キャリートレードと為替レート変動―金利変動が市場参加者のリスク認識に与える影響」日本銀行『日銀レビュー』J-5、6月、1～9頁。
　（http://www.boj.or.jp/research/wps_rev/rev_2009/data/rev09j05.pdf、2011年1月19日アクセス）

柴本昌彦（2014）「先進国金融政策の国際的波及」藤田誠一・松林洋一・北野重人（編著）『グローバル・マネーフローの実証分析―金融危機後の新たな課題』ミネルヴァ書房、第6章。

島田克美（2001）『概説海外直接投資（第二版）』学文社。

菅原秀幸（1997）「アジアの経済成長と日本の直接投資」青木健・馬田啓一（編著）『日本企業と直接投資―対アジア投資の新たな課題』勁草書房、第2章。

砂村賢（2004）『国際金融危機の政治経済学―グローバル・ファイナンスへの対応』日本経済新聞社。

関下稔・鶴田廣巳・奥田宏司・向壽一（1984）『多国籍銀行―国際金融不安の主役』有斐閣。

関下稔・奥田宏司編（1985）『多国籍銀行とドル体制』有斐閣選書。

関村正悟（2011）「グローバルインバランスからグローバル・シャドーバンキングへ―バーナンキのglobal saving glut論の展開をめぐって」岡本悳也・楊枝嗣朗編著『なぜドル本位制は終わらないのか』文眞堂、第5章。

高田太久吉（2009）『金融恐慌を読み解く―過剰な貨幣資本はどこから生まれるのか』新日本出版社。

高安健一（2005）『アジア金融再生』勁草書房。

高山晃郎（2005/a）「米系多国籍企業の為替取引とニューヨーク外国為替市場―基軸通貨国と外国為替市場（一）」九州大学『経済論究』第123号、11月、163～181頁。

――（2005/b）「ニューヨーク外国為替市場の拡大と米系多国籍企業の国際財務戦略―基軸通貨国と外国為替市場（二）」九州大学『経済論究』第123号、11月、183～199頁。

参考文献

滝沢健三（1990）『国際通貨論入門』有斐閣双書。

竹中正治（2009）「アメリカの対外純負債の持続可能性を再考する（上）」龍谷大学『経済学論集』第49巻第3号、12月、23～38頁。

── (2010/a)「アメリカの対外純負債の持続可能性を再考する（下）」龍谷大学『経済学論集』第49巻第4号、3月、1～15頁。

── (2010/b)「アメリカの経常収支不均衡の趨勢的シフトとその要因」国際通貨研究所『国際経済金融論考』第3号、9月、1～28頁。

(http://www.iima.or.jp/pdf/IER_2010/no3_2010.pdf、2011年12月11日アクセス)

── (2012)『アメリカの対外不均衡の真実』晃洋書房。

田中素香（2007）『拡大するユーロ経済圏』日本経済新聞社。

── (2009)「深刻な金融・経済危機のヨーロッパ」『世界経済評論』Vol.53、No.3、3月、6～21頁。

── (2010)「ヨーロッパの金融危機とユーロ」馬田啓一・木村福成・田中素香編著『検証・金融危機と世界経済──危機後の課題と展望』勁草書房。

徳永潤二（2005）「1990年代後半の国際資本移動におけるアメリカの役割」日本金融学会『金融経済研究』第22号、6月、111～128頁。

── (2008)『アメリカ国際通貨国特権の研究』学文社。

── (2009)「国際過剰資本がバブルを生んだ」山口義行編『バブル・リレー──21世紀型世界恐慌をもたらしたもの』岩波書店。

倉都康行（2005）『金融史がわかれば世界がわかる──「金融力」とは何か』ちくま新書。

鳥谷一生（2007/a）「『米ドル本位制』下の東アジア地域とACUの可能性と課題──欧州通貨統合の教訓から』大分大学『経済論集』第59巻第2号、2月、133～164頁。

── (2007/b)「アメリカにおける人民元為替相場制度論争と『米ドル本位制』の論理」大分大学『経済論集』第59巻第3号、9月、29～44頁。

── (2008)「Bretton Woods Ⅱシステムと現代アメリカ国際収支赤字のSustainability論争について──『世界の銀行家からヴェンチャー・キャピタリスト』に転じた『米ドル本位制』の脆弱性」大分大学『経済論集』第59巻第6号、3月、

25〜38頁。

――(2010)『国際通貨体制と東アジア―「米ドル本位制」の現実』ミネルヴァ書房。

張南(2005)『国際資金循環分析の理論と展開』ミネルヴァ書房。

中尾茂夫(1988)『世界マネーフロー』同文館。

中尾茂夫(1991)『ジャパンマネーの内幕』岩波書店。

――(1996)『円とドルの存亡―国際通貨史からみた日米のゆくえ』三田出版会。

中窪文男(2004)『為替オーバーレイ入門―戦略的為替リスク・マネジメント』東洋経済新報社。

永野護(2005)『東アジア金融アーキテクチャー――投資・ファイナンス・債券市場』日本評論社。

西岡慎一・馬場直彦(2004)「量的緩和下におけるマイナス金利取引：円転コスト・マイナス化メカニズムに関する分析」『日本銀行ワーキングペーパーシリーズ』No.04-J-10、6月、1〜24頁。http://www.boj.or.jp/research/wps_rev/wps_2004/data/wp04j10.pdf、2011年8月30日アクセス。

西尾圭一郎(2004)「シンガポールにおける多国籍企業の進出と基軸通貨ドル」大阪市立大学『経営研究』55巻1号、5月、211〜234頁。

――(2005)「ドル本位制下の発展途上国と基軸通貨ドル」大阪市立大学『経営研究』第56巻第2号、7月、145〜163頁。

――(2007/a)「経済成長期におけるシンガポールとアジア・ダラー市場」大阪市立大学『経営研究』第57巻第4号、2月、33〜55頁。

――(2007/b)「1980年代ASEANの経済成長と現代アジアの国際通貨システム」ノースアジア大学『経済論集』第3号、12月、39〜60頁。

――(2010)「サブプライム・ローン危機と東南アジアのドル本位制」大阪市立大学『経営研究』第60巻第4号、2月、43〜62頁。

――(2011)「東南アジアの金融システムの構造の変化と金融危機」岡本悳也・楊枝嗣朗編著『なぜドル本位制は終わらないのか』文眞堂、第4章。

林尚毅(2009)「日本多国籍企業のアジア戦略―アジアの三角貿易関係」赤羽新太郎・夏目啓二・日髙克平『グローバリゼーションと経営学―21世紀におけるBRICs

参考文献

の台頭』ミネルヴァ書房、第 3 章。

バニンコバ・エバ（2009）「世界経済危機にいたるバルト 3 国の信用拡大」九州大学大学院経済学会『経済論究』第 134 号、7 月、97 ～ 112 頁。

深町郁彌（1981）『現代資本主義と国際通貨』岩波書店。

福田慎一・松林洋一（2013）「金融危機とグローバル・インバランス」日本金融学会編『金融経済研究―特別号』第 8 章、1 月。

淵田康之・大崎貞和（編）（2002）『検証　アメリカの資本市場改革』日本経済新聞社。

星野郁（2009）「ヨーロッパの金融構造の変貌と金融危機」『世界経済評論』Vol.53、No.3、3 月、22 ～ 32 頁。

前田淳（2006）「変動相場制と国際金融構造」信用理論研究学会編『金融グローバリゼーションの理論』大月書店、第 2 章第 3 節。

――（2010）「現代の国際金融・資本市場と金融機関」奥田宏司・神澤正典編『現代国際金融―構図と解明―（第 2 版）』法律文化社、第 7 章。

前田真一郎（2004）『アメリカ金融機関のリテール戦略―「コストをかけないカスタマイズ化」をどう実現するか』東洋経済新報社。

前田直哉・西尾圭一郎（2010）「国際通貨ドルに対する信認と政策問題」『世界経済評論』Vol.54、No.6、6 月、74 ～ 82 頁。

真壁昭夫（2005）「『不均衡』のメカニズムとリスク」『エコノミスト』「特集　世界マネーフローのリスクシナリオ」9 月 6 日号、20 ～ 23 頁。

松田岳（2000）「アメリカ『株価急騰』の金融メカニズム」立教大学『立教経済学研究』第 54 巻第 2 号、10 月、65 ～ 88 頁。

松林洋一（2010）『対外不均衡とマクロ経済』東洋経済新報社。

――（2014）「国際資金フローの新たな動き」藤田誠一・松林洋一・北野重人（編著）『グローバル・マネーフローの実証分析―金融危機後の新たな課題』ミネルヴァ書房、第 1 章。

松浦一悦（2005）『EU 通貨統合の新展開』ミネルヴァ書房。

――（2015）『現代の国際通貨制度』晃洋書房。

松村文武（1985）『現代アメリカ国際収支の研究』東洋経済新報社。

――（1988）『債務国アメリカの構造』同文館。

――（1993）『体制支持金融の世界―ドルのブラックホール化』青木書店。

松本和幸・花崎正晴（1989）『日・米・アジア NIEs の国際競争力―為替レート変動との相互関連』東洋経済新報社。

三重野文晴（2006）「東南アジアの工業化、直接投資と企業の資金調達」一橋大学『経済研究』第57巻第2号、4月、121〜135頁。

宮崎義一（1992）『複合不況』中公新書。

向壽一（1988）『世界マネー循環と多国籍銀行』有斐閣選書。

――（2006）『マネタリー・エコノミクス』岩波書店。

本山美彦（2006）「金融グローバリズムの行き着く先」『世界経済評論』Vol.50、No.1、1月、32〜40頁。

山口義行・飯田寛之（2008）「『バブル・リレー経済』の袋小路」『世界』No.776、3月、98〜107頁。

山下英次（2010）『国際通貨システムの体制変換』東洋経済新報社。

山本栄治（1997）『国際通貨システム』岩波書店。

――（2002）『国際通貨と国際資金循環』日本経済評論社（西村閑也編集）。

湯沢威・鈴木恒夫・橘川武郎・佐々木聡（2009）「国際競争力の経営史の課題」湯沢威・鈴木恒夫・橘川武郎・佐々木聡編『国際競争力の経営史』有斐閣、序章。

楊枝嗣朗（2011）「欧州通貨ユーロの桎梏―『つなぐ通貨』ユーロと『粉飾された』中央銀行 ECB」岡本悳也・楊枝嗣朗編著『なぜドル本位制は終わらないのか』文眞堂、第6章。

横田綏子（2010）「戦後の国際通貨制度」奥田宏司・神澤正典編『現代国際金融―構図と解明―（第2版）』法律文化社、第4章。

吉井一洋（編著）・古頭尚志（2007）『よくわかる新ＢＩＳ規制―バーゼルⅡの理念と実務』金融財政事情研究会。

吉冨勝・Li-Gang LIU（2005）「アジアの経済統合と世界の新しい経常収支不均衡の解決―貿易構造と通貨調整のリンケージ」経済産業研究所『Policy Analysis Paper』No.1、5月、1〜26頁。http://www.rieti.go.jp/jp/publications/

pap/05a001.pdf、2011 年 12 月 14 日アクセス。

米倉茂（2008/a）『変幻進化する国際金融』税務経理協会。

――（2008/b）『サブプライム・ローンの真実―21 世紀型金融危機の「罪と罰」』創成社。

――（2009）『新型ドル恐慌―リーマンショックから学ぶべき教訓』彩流社。

李立栄（2007）「米サププライムローン問題　危うさはヘッジファンドに集中している」『エコノミスト』7 月 31 日特大号、26 ～ 27 頁。

ワッタナワリン・スカンヤ（2007）「通貨危機後のタイ債券市場の発展―アジア債券市場育成イニシアティブとの関連で」九州経済学会編『九州経済学会年報』第 45 集、12 月、187 ～ 194 頁。

英語文献

Arner, Douglas, Paul Lejot and S. Ghon Rhee (2005), *Impediments to Cross-Border Investments in Asian Bonds*, The Institute of Southeast Asian Studies.

Bank of England (2005), *Quarterly Bulletin*, Vol.45, No.1 to No.4, Spring to Winter.

Barth, James R., Gerard Caprio Jr. and Ross Levine (2006), *Rethinking Bank regulation ―Till Angels Govern―*, Cambridge U. P.

Bernanke, Ben. S. (2005), "Global Saving Glut and the U. S. Current Account Deficit", Sandridge Lecture at the Virginia Association of Economists, March 10. (http://www.federalreserve.gov/boarddocs/speeches/2005/200503102/, accessed on 2010, April 19)

Bernanke, Ben. S., Carol Bertaut, Laurie Pounder Demarco and Steven Kamin (2011), "International Capital Flows and the Returns to Safe Assets in the United States, 2003 − 2007", Board of Governors of the Federal Reserve System, *International Finance Discussion Papers*, No.1014, February, pp.1-35.

(http://www.federalreserve.gov/datadownload/pubs/IFDP/2011/1014/ifdp1014.pdf, accessed on December 21, 2011.)

Bertaut, Carol C., Steven B. Kamin and Charles P. Thomas (2008), "How Long Can the Unsustainable U.S. Current Account Deficit Be Sustained?"Board of Governors of the Federal Reserve System, *International Finance Discussion Papers*, No.935, July, pp.1-65. (http://www.federalreserve.gov/datadownload/Pubs/IFDP/2008/935/ifdp935.pdf, accessed on February 27, 2010)

Bertaut, Carol C. and Laurie Pounder (2009), "The Financial Crisis and U.S. Cross-Border Financial Flows", Board of Governors of the Federal Reserve System, *Federal Reserve Bulletin*, Vol.95, November, pp.A147-A167.

Bollerslev, Tim and Michael Melvin (1993), "Bid-ask spread and volatility in the foreign exchange market", *Journal of International Economics*, Vol.36, Issues 3-4, May, pp.335-372.

Bryant, Ralph C. (1987), *International Financial Intermediation*, Brookings Institution. (高橋俊治・首藤恵訳（1988）『金融の国際化と国際銀行業』東洋経済新報社）

Brown, Brendan (2006), *What Drives Global Capital Flows? ―Myth, Speculation and Currency Diplomacy―*, Palgrave Macmillan.（田村勝省訳（2007）『ドルはどこへ行くのか』春秋社）

Blomström, Magnus and Ari Kokko and Mario Zejan (2000), *Foreign Direct Investment―Firm and Host Country Strategy*, Macmillan Press LTD.

Cailloux, Jacques and Stephany Griffith-Jones (2003), "Global Capital Flows to East Asia: Surges and Reversals", in Griffith-Jones, Stephany, Ricardo Gottschalk and Jacques Cailloux (eds.), *International Capital Flows in Calm and Turbulent Times*, The University of Chicago Press, Chapter 1.

Cavallo, Michele and Cédric Tille (2006), "Could Capital Gains Smooth a Current Account rebalancing?" *FRB New York Staff Report*, No.237, January, pp.1-54.

Cesarano, Filippo, (2006), *Monetary Theory and Bretton Woods―The Construction of an International Monetary Order―*, Cambridge U. P.

Chan, Nicholas, Mila Getmansky, Shane Haas and Andrew W. Shane (2006), "Do Hedge Funds Increase Systemic Risk?"in Federal Reserve Bank of Atlanta, *Economic Review*, Vol.91, No.4, Fouth Quarter, pp.49-80.

参考文献

Chandler, Beverly (1998), *Investing with the Hedge Fund Giants*, Financial Times Pitman Publishing.

Committee on Finance and Industry (1931), *Report of the Committee on Finance and Industry (Macmillan Report)*, His Majesty's Stationery Office (Nihon Shoseki, LTD. First reprinting 1973). (加藤三郎・西村閑也訳 (1985)『マクミラン委員会報告書』日本経済評論社)

DeRosa, Davkd F. (1991), *Managing Foreign Exchange Risk*, Probus Publishing Company. (岩田暁一監訳・三井海上火災保険 (株) 有価証券部訳 (1993)『外国為替のリスク・マネジメント―国際ポートフォリオの投資戦略』有斐閣)

Despres, Emile, Charles P. Kindleberger and Walter S. Salant (1966), "The Dollar and World Liquidity: A Minority View", *The Economist*, February 5, pp.526-529.

Durham, J. Benson(2003), "Foreign Portfolio Investment, Foreign Bank Lending and Economic Growth", Board of Governors of the Federal Reserve System, *International Finance Discussion Papers*, No.757, February, pp.1-33. (http://www.federalreserve.gov/datadownload/Pubs/IFDP/2003/757/ifdp757.pdf, accessed on December 13, 2011)

Edison Hali, J. and Francis E. Warnock (2003), "U.S. Investors' Emerging Market Equity Portfolios: A Security-Level Analysis", Board of Governors of the Federal Reserve System, *International Finance Discussion Papers*, No.771, September, pp.1-32. (http://www.federalreserve.gov/datadownload/Pubs/IFDP/2003/771/ifdp771r.pdf, Accessed on March 19, 2010)

Eichengreen, Barry (2004), *Capital Flows and Crises*, MIT Press.

EUROSTAT (2008), *European Union foreign direct investment yearbook 2008* (2008 edition).

Frankel, Jeffrey A. and Shang-Jin Wei (1994), "Yen Bloc or Dollar Bloc? Exchange Rate Policies of the East Asian Economies", in Ito, Takatoshi and Anne O. Krueger (eds.), *Macroeconomic Linkage—Savings, Exchange Rates, and Capital Flows*, National Bureau of Economic Research　(NBER-East Asia Seminar on Economics,

Volume 3), The University of Chicago Press, Chapter 12.

Farchy, Jack (2011), "Central banks see shift from dollar", *The Financial Times*, Tuesday June 28.

Gray, H. Peter (2004), *The Exhaustion of the Dollar*, Palgrave Macmillan.

Griffith-Jones, Stephany, Jose Antonio Ocampo and Joseph E. Stiglitz (eds.)(2010), *Time for a Visible Hand—Lessons from the 2008 World Financial Crisis*, Oxford University Press.

Haiss, Peter R. and Petra Roessel (2008), "FDI as Signal for Competitive Advantage: Does Financial Sector FDI Attract Real Sector FDI, Portfolio Investment and Trade?" in Kowalewski, Oskar and Marzenna Anna Weresa (eds.), *The Role of Foreign Direct Investment in the Economy*, Rainer Hampp Verlag, Chapter 2.

Hayes, Samuel L. and Philip M. Hubbard (1990), *Investment Banking—A Tale of Three Cities—*, Harvard Business School Press.（細谷武男訳『世界三大金融市場の歴史——インベストメント・バンキングの起源と発展、その世界戦略（1991）』TBSブリタニカ）

Hayashi, Shigeko (2006), *Japan and East Asian Monetary Regionalism*, Routledge.

Hirata, Hideaki and M. Ayhan Kose and Christopher Otrok (2013), "Regionalization vs. Globalization", *IMF Working Paper*, WP/13/19, January, pp.1-64.

IMF, *Global Financial Stability Report*, various issues.

Kindleberger, Charles. P. (1981), *International Money: A Collection of Essays*, George Allen & Unwin.（益戸欽也ほか訳（1983）『インターナショナル・マネー』産業能率大学出版部）

Kowalewski, Oskar (2008), "Does Foreign Direct Investment Impact Economic Growth in Transition Economies?" in Kowalewski, Oskar and Marzenna Anna Weresa (eds.), *The Role of Foreign Direct Investment in the Economy*, Rainer Hampp Verlag, Chapter 5.

Krugman, Paul R. (1985), "Is the Strong Dollar Sustainable?" *NBER Working Paper*, No.1644, June, pp.103-132.

—— (2009), *The Return of Depression Economics and the crisis of 2008*, W.W. Norton and Company, Inc.

Mackenzie, Michael and Dan McCrum (2011), "Rally in US Treasuries leave bears caught short", *The Financial Times*, Thursday May 12.

Mackintosh, James (2011), "Quantitiative easing does it, but only up to a point", *The Financial Times*, Saturday June 25 / Sunday June 26.

Mann, Catherine L. (1999), *Is the U.S. Trade Deficit Sustainable?* Institute for International Economics.

—— (2002), "Perspectives on the US Current Deficit and Sustainability", *Journal of Economic Perspectives*, Vol.16, No.3, Summer, pp.131-152.

Mann, Catherine L. and Ellen E. Meade (2002), "Home Bias, Transactions Costs, and Prospects for the Euro: A More Detailed Analysis", Peterson Institute for International Economics, *Working Paper Series*, No.WP02-3, March, pp.1-24.(http://www.piie.com/publications/wp/02-3.pdf, accessed on September 12, 2011)

Mann, Catherine L. (2009), "International Capital Flows and the Sustainability of the US Current Account Deficit", in Bergsten, Fred C. (ed.), *The Long-Term International Economic Position of the United States*, Peterson Institute for International Economics.

Marsh, David (2009), *The Euro—The Politics of The New Global Currency—*, Yale University Press.

Mogford, Caroline and Darren Pain (2006), "The Information Content of Aggregate Data on Financial Future Positions", Bank of England, *Quarterly Bulletin*, Spring, pp.57-65.

Obstfelt, Maurice and Kenneth Rogoff (2005), "Global Current Account Imbalances and Exchange Rate Adjustment", *Brookings Papers on Economic Activity*, No.1, pp.67-146.

Onado, Marco (2003), "Financial Regulation in Europe and in Italy", in Rosa, Luigi de (ed), *International Banking and Financial Systems—Evolution and Stability—*,

Ashgate.

Paulet, Elizabeth (2005), *European Banking—Historical Roots and Modern Challenges*, Lavoisier.

Pilbeam, Keith (2006), *International Finance (third editon)*, Palgrave Macmillan.

Prasad, Eswar S., Kenneth Rogoff, Shang-Jin Wei and M. Ayhan Kose (2003), "Effects of Financial Globalization on Developing Countries: Some Empirical Evidence", IMF, *Occasional Paper*, No.220, September, pp.1-86.

Reinhart, Carmen M. and Kenneth S. Rogoff, (2009), *This Time is Different—Eight Centuries of Financial Folly*—, Princeton University Press.（村井章子訳（2011）『国家は破綻する—金融危機の800年』日経BP社）

Santis, Roberto A. De and Paul Ehling (2007), "Do International Portfolio Investors Follow Firms' Foreign Investment Decisions?" European Central Bank, *Working Paper Series*, No.815, September, pp.1-45.

U.S. Department of Commerce, *Survey of Current Business*, various issues.

Triffin, Robert (1960), *Gold and the Dollar Crisis: The Future of Convertibility*, Yale University Press.（村野孝・小島清監訳（1961）『金とドルの危機：新国際通貨制度の提案』勁草書房）

Turner, Philip (1991), "Capital Flows in the 1980s: A Survey of Major Trends", *BIS Economic Papers*, No.30, April, pp.1-123.

Warnock, Francis E. and Veronica C. Warnock (2005), "International Capital Flows and U.S. Interest Rates", Board of Governors of the Federal Reserve System, *International Finance Discussion Paper*, No.840, September, pp.1-46.

—— (2006), "International Capital Flows and U.S. Interest Rates", *NBER Working Paper*, No.12560, October, pp.1-44.

—— (2010), "How Dangerous Is U.S. Government Debt? —The Risks of a Sudden Spike in U.S. Interest Rates—", U.S., Council on Foreign Relations, *Capital Flows Quarterly*, Q2, June, pp.1-18.

参考文献

サイト

IMF の CPIS
   http://www.imf.org/external/np/sta/pi/cpis.htm

IMF の elibrary
   http://elibrary-data.imf.org/DataExplorer.aspx

アメリカの財務省の TIC
   http://www.treasury.gov/resource-center/data-chart-center/tic/Pages/index.aspx

アメリカ財務省の Treasury Bulletin
   http://www.fiscal.treasury.gov/fsreports/rpt/treasBulletin/current.htm

アメリカの Bureau of Economic Analysis
   http://www.bea.gov/iTable/index_ita.cfm

アメリカの Board of Governors of the Federal Reserve System
   http://www.federalreserve.gov/datadownload

アメリカ財務省の FAQ サイト
   http://www.treasury.gov/resource-center/data-chart-center/tic/Pages/ticfaq1.aspx, accessed on December 14, 2011.

UNCTAD
   http://unctadstat.unctad.org/wds/TableViewer/tableView.aspx

日本銀行の「2005 年の国際収支（速報）動向」
   http://www.boj.or.jp/research/brp/ron_2006/data/ron0603b.pdf、2010 年 3 月 18 日アクセス。

索　引

あ

IMF 体制　22
アグリゲート　20, 67, 126, 127, 137, 144, 150
アジア金融・通貨危機　76, 147
インプライド・ヴォラティリティー　52, 57, 58, 60
オフショア市場　76, 82, 83, 95

か

外貨準備　2, 4, 5, 6, 18, 26, 30, 42, 62, 97, 104, 106, 111, 146, 147, 156, 162
為替市場介入　64
為替制度　64, 65, 159
基礎収支　1, 2, 9, 10, 16, 22, 158
基軸通貨　6, 8, 9, 14, 16, 17, 20, 28, 41, 123, 155, 156, 158, 169, 171
銀行勘定　13, 75, 141, 147, 150, 154
金融収支　13, 17, 22, 23, 24, 35, 40, 89, 91, 100, 101, 104, 116, 117, 118, 120, 121, 122, 123, 125, 126, 140, 143, 154, 158, 162, 163
金融仲介　9, 157
金利差　6, 7, 8, 19, 27, 45, 46, 47, 48, 49, 51, 52, 53, 54, 55, 56, 57, 58, 60, 62, 68, 70, 73, 96, 97, 119, 147, 153, 156, 159
グレンジャー因果　62, 63
経常収支　1, 2, 9, 10, 11, 15, 19, 20, 22, 23, 24, 64, 68, 70, 76, 99, 100, 101, 102, 103, 105, 108, 109, 110, 111, 114, 115, 116, 117, 120, 122, 123, 125, 145, 146, 148, 150, 151, 153, 154, 156, 158, 162, 163, 166, 170, 173
公的国際通貨　62, 64, 68, 97, 124, 155
国際資金フロー　1, 2, 3, 6, 7, 8, 9, 13, 14, 15, 16, 17, 18, 19, 20, 21, 23, 26, 30, 32, 35, 36, 39, 41, 42, 43, 45, 70, 73, 74, 76, 81, 83, 93, 96, 97, 99, 100, 117, 122, 124, 125, 126, 137, 139, 148, 149, 150, 151, 153, 154, 155, 156, 157, 158, 172, 186
固定相場制　9, 16, 67

索 引

さ

財務省証券　2, 17, 20, 23, 26, 36, 40, 41, 42, 50, 51, 64, 68, 69, 70, 94, 95, 97, 110, 111, 112, 113, 118, 121, 127, 129, 130, 131, 133, 134, 135, 137, 140, 141, 143, 145, 146, 147, 149, 150, 151, 154, 155, 156, 162, 164

サブプライム・ローン　2, 3, 6, 8, 17, 18, 19, 20, 45, 46, 60, 64, 65, 68, 74, 81, 101, 108, 109, 117, 126, 131, 134, 135, 137, 139, 143, 144, 145, 146, 148, 149, 150, 151, 153, 154, 156, 159, 171, 173, 174

直物　11, 19, 45, 53, 54, 55, 56, 58, 60, 62, 163

自己資本比率　52, 149

資産担保証券　51, 130, 140, 141, 142, 144, 145, 147, 153

資産通貨　17, 155, 158

持続可能性　10, 19, 99, 100, 101, 102, 114, 115, 116, 123, 124, 154, 166, 170

持続不可能　100, 113, 115

実効為替レート　27, 28

資本流入　2, 6, 7, 8, 10, 13, 14, 16, 18, 19, 20, 21, 22, 23, 25, 26, 27, 28, 30, 35, 36, 41, 45, 46, 51, 52, 60, 62, 64, 68, 70, 71, 73, 74, 76, 83, 89, 96, 97, 101, 102, 109, 110, 111, 113, 114, 115, 118, 119, 122, 123, 124, 125, 126, 139, 143, 144, 145, 146, 147, 151, 153, 154, 156, 158, 160

住宅バブル　6, 14, 70, 94, 97, 125, 153

情報　55, 58, 92, 93, 160

所得収支　93, 94, 96, 104, 105, 106, 107, 108, 109, 110, 114, 146, 154, 157

信認　6, 9, 16, 66, 68, 103, 117, 123, 124, 139, 155, 158, 172

人民元　64, 66, 170

政府機関債　20, 23, 51, 68, 69, 94, 95, 129, 130, 131, 134, 135, 137, 139, 140, 144, 147, 150, 151, 153, 154, 164

世界金融危機　7, 17, 60, 101, 109, 117, 134, 137, 140, 143, 154, 156, 162, 166

ゼロ金利政策　7

た

対外資産・負債　3, 12, 13, 17, 19, 20, 39, 40, 41, 42, 70, 93, 100, 105, 106, 108, 110, 122, 124, 162

対外負債　3, 4, 5, 9, 10, 12, 14, 19, 20, 22, 24, 36, 37, 39, 40, 42, 93, 94, 99, 100, 101, 102, 103, 104, 105, 106, 108, 110, 111,

113, 114, 115, 117, 123, 124, 125, 135, 143, 151, 154, 158, 161, 162, 163
多国籍企業 35, 169, 171
中国 6, 35, 42, 64, 65, 68, 69, 70, 75, 76, 82, 84, 85, 86, 90, 111, 112, 122, 145, 146, 147, 148, 149, 153, 155, 160, 164, 168
長期金利 2, 6, 14, 46, 48, 49, 51, 70, 89, 94, 97, 111, 121, 125, 153, 156
直接投資 2, 7, 17, 18, 19, 21, 23, 26, 30, 31, 32, 33, 35, 36, 37, 39, 40, 41, 42, 73, 74, 75, 76, 77, 78, 79, 80, 81, 82, 83, 85, 86, 88, 89, 90, 91, 92, 93, 94, 96, 97, 99, 104, 110, 114, 126, 137, 146, 148, 150, 153, 154, 156, 157, 158, 159, 160, 161, 165, 166, 169, 173
投機 11, 15, 53, 54, 55, 159, 184
途上国 2, 6, 17, 18, 19, 35, 36, 42, 45, 62, 70, 73, 74, 75, 82, 83, 88, 89, 93, 97, 99, 110, 111, 113, 122, 126, 145, 150, 151, 154, 155, 156, 159, 160, 165, 166, 171, 185
ドル本位制 10, 166, 167, 168, 169, 170, 171, 173

は

プラザ合意 21, 35, 42, 74, 99, 100, 159, 162
分散分解 62, 63
並行性 117, 118, 121, 122, 123, 124, 139, 143, 148
ペッグ制 42, 65
変動相場制 2, 27, 67, 172
貿易依存度 32, 34, 64, 65, 66, 80, 88, 97, 111, 155, 185
ポートフォリオ 11, 12, 13, 35, 127, 144, 145, 176, 185
ホーム・バイアス 52, 60, 88, 89, 117, 135, 139, 155, 185

や

「ユーロ」カレンシー 1, 27, 46

ら

流動性 9, 28, 88, 117, 143, 149, 150, 154, 155, 158, 161, 164, 185
流動性ジレンマ 9
量的緩和政策 8, 101, 156, 159
量的緩和 8, 101, 156, 159, 164, 171, 185

【著者紹介】

前田 淳（まえだ　じゅん）
北九州市立大学経済学部教授、博士（経済学）
1961年生まれ。九州大学経済学部卒
主な著書に、「現代の国際金融・資本市場と金融機関」（奥田宏司・神澤正典編『現代国際金融 —— 構図と解明』第7章、法律文化社、2010年）、「変動相場制と国際金融構造」（信用理論研究学会編『金融グローバリゼーションの理論』大月書店、2006年）など。

アメリカ国際資金フローの新潮流

2015年12月25日　初版第1刷発行

　編著者　前田　淳
　発行者　上野　教信
　発行所　蒼天社出版（株式会社　蒼天社）
　　　　　101-0051　東京都千代田区神田神保町3-25-11
　　　　　電話　03-6272-5911　FAX 03-6272-5912
　　　　　振替口座番号　00100-3-628586
　印刷・製本所　シナノパブリッシング

©2015　Jun Maeda
ISBN 978-4-901916-47-9 Printed in Japan
万一落丁・乱丁などがございましたらお取り替えいたします。
R〈日本複写権センター委託出版物〉

本書の全部または一部を無断で複写複製（コピー）することは、著作権法上での例外を除き、禁じられています。本書からの複写を希望される場合は、日本複写センター（03-3401-2382）にご連絡ください。

蒼天社出版の経済関係図書

米国経済白書 2015　萩原伸次郎監修・『米国経済白書』翻訳研究会訳	定価（本体 2,800 円＋税）
中小企業支援・政策システム　金融を中心とした体系化　村本孜著	定価（本体 6,800 円＋税）
元気な中小企業を育てる　日本経済の未来を切り拓く中小企業のイノベーター　村本孜著	定価（本体 2,700 円＋税）
競争と結合　岡田与好著	定価（本体 3,500 円＋税）
揺れ動くユーロ　吉國眞一・小川英治・春井久志編	定価（本体 2,800 円＋税）
国立国会図書館所蔵 GHQ/SCAP 文書目録・全 11 巻　荒敬・内海愛子・林博史編集	定価（本体 420,000 円＋税）
カンリフ委員会審議記録　全 3 巻　春井久志・森映雄訳	定価（本体 89,000 円＋税）
システム危機の歴史的位相　ユーロとドルの危機が問いかけるもの　矢後和彦編	定価（本体 3,400 円＋税）
国際通貨制度論攷　島崎久彌著	定価（本体 5,200 円＋税）
バーゼルプロセス　金融システム安定への挑戦　渡部訓著	定価（本体 3,200 円＋税）
現代証券取引の基礎知識　国際通貨研究所糠谷英輝編	定価（本体 2,400 円＋税）
銀行の罪と罰　ガバナンスと規制のバランスを求めて　野﨑浩成著	定価（本体 1,800 円＋税）
国際決済銀行の 20 世紀　矢後和彦著	定価（本体 3,800 円＋税）
サウンドマネー　BIS と IMF を築いた男ペールヤコブソン　吉國眞一・矢後和彦監訳	定価（本体 4,500 円＋税）
多国籍金融機関のリテール戦略　長島芳枝著	定価（本体 3,800 円＋税）
HSBC の挑戦　立脇和夫著	定価（本体 1,800 円＋税）
拡大するイスラーム金融　糠谷英輝著	定価（本体 2,800 円＋税）
グローバリゼーションと地域経済統合　村本孜編	定価（本体 4,500 円＋税）
外国銀行と日本　立脇和夫著	定価（本体 3,200 円＋税）
ユーロと国際通貨システム　田中素香・藤田誠一編	定価（本体 3,800 円＋税）